O JESUS NEGRO

PASTOR HENRIQUE VIEIRA

O JESUS NEGRO

O GRITO ANTIRRACISTA DA BÍBLIA

 Planeta

Copyright © Henrique Vieira, 2023
Copyright © Editora Planeta do Brasil, 2023
Todos os direitos reservados.

Edição de texto: Mariana Gomes
Preparação: Renata Miloni
Revisão: Vitor Donofrio (Paladra Editorial) e Carmen Costa
Projeto gráfico e diagramação: Maria Beatriz Rosa
Capa: Fabio Oliveira
Ilustração de capa: Ilustrablack / OIO, agência de ilustração

Todas as citações bíblicas foram retiradas da versão Nova Almeida Atualizada. (NAA © 2017 Sociedade Bíblica do Brasil. Todos os direitos reservados.)

Dados Internacionais de Catalogação na Publicação (CIP)
Angélica Ilacqua CRB-8/7057

Vieira, Henrique
 O Jesus negro: o grito antirracista do Evangelho / Henrique Vieira. – 1. ed. – São Paulo: Planeta do Brasil, 2023.
 144 p.

ISBN 978-85-422-2201-2

1. Jesus Cristo - Aparência física 2. Antirracismo I. Título

CDD 232   CDD 232

Índice para catálogo sistemático:
1. Jesus Cristo - Aparência física

Ao escolher este livro, você está apoiando o manejo responsável das florestas do mundo

2023
Todos os direitos desta edição reservados à
Editora Planeta do Brasil Ltda.
Rua Bela Cintra 986, 4º andar – Consolação
São Paulo – SP – 01415-002
www.planetadelivros.com.br
faleconosco@editoraplaneta.com.br

Dedico este livro ao teólogo James Cone. Sua obra abriu meus olhos para a teologia negra. Ele mescla fé, devoção e revolução em sua perspectiva teológica e bíblica.

Também dedico este livro à escritora bell hooks. Sua obra resgata o sentido ético, político e antirracista do amor. Suas palavras carregam delicadeza e profecia.

E, sobretudo, dedico este livro ao povo negro do meu país. Somos ancestralidade, resistência e potência. Seguimos!

PREFÁCIO Pastor Ras André Guimarães 9

INTRODUÇÃO Em Jesus, Deus se fez carne e se fez classe 17

1. A naturalização da barbárie 23
2. Quebrando as lentes do poder 31
3. O canto de Maria 41
4. Sobrevivendo ao genocídio 51
5. O rosto de Jesus é o rosto do oprimido 59
6. A cruz e o Crucificado 75
7. A ressurreição 95
8. Muito além da sobrevivência 105
9. O derramar do Espírito e a diversidade 115
10. Jesus negro e teologia negra 121

Agradecimentos 139

PREFÁCIO

Mais uma vez estamos sendo presenteados por um livro de nosso amado irmão Henrique Vieira. Como sempre, ele nos envolve e acolhe diante de temas e questões difíceis. A escrita de Henrique nos convida a caminhar, nos abraça, nos fortalece para seguir numa jornada de promoção da vida, da justiça, do amor. Este livro é mais uma potente oportunidade de olhar para Jesus como um homem negro que traz em si esperança e alegria para pessoas subjugadas pelo pecado do imperialismo, sequestradas, retiradas à força de seus territórios de origem, torturadas, vilipendiadas e objetificadas.

Afirmar o Jesus negro é dizer que o filho de Deus assumiu a causa de milhões de pessoas na luta por justiça, por reparação. Este livro não tem a pretensão de convencer; sua maior e mais importante tarefa é apresentar uma dimensão forte e amorosa de Jesus de Nazaré que se identifica com aqueles que a história quis apagar. Tal afirmação faz com que sejamos impelidos ao entendimento de que ele tem, sim, comprometimento com a vida, com os dramas e as dores do povo negro. É uma oportunidade para repensar o Jesus que, durante séculos, teve sua figura manipulada e usada para a construção da branquitude, para a afirmação do imperialismo, do racismo e do genocídio, devolvendo-o ao lugar de libertador, radicalmente contrário a toda e qualquer forma de injustiça e de sofrimento. Jesus de Nazaré, "gente como a gente", que, se encarnado nos dias atuais, seria sempre abordado pela polícia, barrado em lojas como suspeito, talvez até impedido de chegar em casa; um corpo jovem, periférico, em suma: perigoso. É esse Jesus humano, do dia a dia, que eu e você somos convidados a celebrar a partir desta obra.

O Jesus negro, escrito pelo nosso irmão Henrique Vieira, é um grande presente para você que luta contra o pecado do racismo; um protesto contra o projeto racista e imperialista que transformou um jovem palestino em um homem branco, de olhos claros e cabelos lisos, defensor do genocídio contra pessoas pretas, contra pessoas indígenas, não só no Brasil, mas no mundo. Estas páginas são um chamado para o abraço do povo preto e empobrecido deste país; são a raiz da libertação das mentalidades que insistem em manter e reafirmar discursos de um Jesus aliado a projetos de morte.

Em tempos nos quais pensamentos, posturas e atitudes racistas insistem em querer subalternizar corpos pretos, *O Jesus negro* se apresenta no horizonte como manifesto de defesa da vida e da liberdade de todos os oprimidos no Brasil e no mundo.

Meu convite é que você leia este livro com carinho. Deixe de lado o julgamento pela aparência e permita-se ser abraçado e acolhido; permita-se mudar e expandir-se.

— Pastor Ras André Guimarães

A cor do pecado não é preta

A cor do pecado não é preta
A cor do pecado não é preta, não
A cor do pecado não é preta,
A cor do pecado não é preta, meu irmão.

Porrada na senzala, porrada na favela
Do Navio negreiro ao Caveirão
Zumbi chora, chora Zumbi
É o corpo da Claudia no chão.

Mas a cor do pecado não é preta,
A cor do pecado não é preta, não.

Recitando a Bíblia cheio de devoção
Chicote e fuzil, corpo preto no chão
Não aceitaram sua cor nem sua dor
Feriram sua pele, sua religião.

Mas a cor do pecado não é preta,
A cor do pecado não é preta, não.

Condenam o tambor, metendo o caô
Que o batuque é perversão (coisa do cão)
Chegaram com a espada, fizeram cruzada
Me fazendo de poeira no chão do porão.

Mas a cor do pecado não é preta,
A cor do pecado não é preta, não.

Quanto sangue derramado, é o "deus engravatado"
Genocídio disfarçado de civilização
Mas se o Deus encarnado escolheu ser favelado,
Quem sou pra fazer outra opção?

Porque a cor do pecado não é preta,
A cor do pecado não é preta, não.

Pode vir algo de bom da Maré, Nazaré,
Cidade de Deus, Samaria ou Alemão
Vão dizer que não
Mas eu digo que sim!
No terceiro dia tem festa, Maria me disse:
A cruz não é fim.

A cor do pecado não é preta
A cor do pecado não é preta, não
A cor do pecado não é preta, minha irmã
a cor do pecado não é preta, meu irmão.

— Henrique Vieira e Guilherme Lopes

INTRODUÇÃO

EM JESUS, DEUS SE FEZ CARNE E SE FEZ CLASSE[1]

Afirmar que Jesus é negro causa estranhamento e repulsa em muitas pessoas. A pergunta é: de onde vem esse incômodo? Não consigo encontrar outra resposta que não o racismo. É muito curioso, pois a imagem do Jesus branco aparece como natural, neutra e universal. A imagem do Jesus branco não pede explicação, não parece forçada e não gera questionamento.

Há também de ser considerado de onde vem o argumento de que tal discussão não é importante e que só causa briga e segregação. Ainda se diz que Jesus está muito acima de divisões humanas e que reduzi-lo a um aspecto racial é equivocado, pois não corresponde à grandeza e ao objetivo do evangelho.

1. Frase de Dom Pedro Casaldáliga.

Dialogando com essas questões, quero explicar as razões pelas quais afirmar que Jesus é negro faz todo sentido bíblica, teológica, espiritual e politicamente, buscando enfrentar a divisão sangrenta causada pelo racismo e mostrar a força amorosa e verdadeiramente universal da mensagem e da vida de Jesus.

Nós, cristãos e cristãs, cremos que Jesus é totalmente Deus e totalmente humano – uma afirmação básica da fé cristã que é ousada, desafiadora e que acarreta muitas consequências. Ela significa que Deus amou tanto a humanidade que assumiu para si a condição humana com toda sua potência e fragilidade. Deus é amor e, por amor, busca sua criação.

> No princípio era o Verbo, e o Verbo estava com Deus, e o Verbo era Deus... E o Verbo se fez carne e habitou entre nós... (João 1:1; João 1:14)

Deus assume a gargalhada e o choro, o abraço de carinho e a distância da saudade, o banquete festivo ou o jardim da solidão. Assume a coragem, mas também o medo; a chegada, assim como a partida. Deus assume o corpo que sua, sangra, canta e dança; assume o corpo que nasce e também padece, cansa e morre. Isso significa que Deus assume a precariedade e a finitude da experiência humana. E qual é a razão desse movimento? O amor que Deus é e tem por sua criação. Jesus é Deus manifestando solidariedade à condição humana.

O evangelho quebra a visão da religiosidade construída com base na culpa, no medo, no prêmio ou no castigo, que apresenta Deus distante, frio, implacável e punitivo e que distribui créditos e realiza débitos de acordo com as ações das pessoas. Deus é amor gratuito e incondicional, antes e para além de tudo. Por amor, Deus saiu da eternidade e entrou no tempo, no espaço, na história; colocou os pés sobre a terra.

Contudo, não basta apenas afirmar que Deus se fez humano. Jesus foi um judeu camponês que viveu na Palestina do primeiro século. De imediato, esse contexto demonstra que Jesus fez parte de um povo colonizado e oprimido pelo império romano – e esta informação é mais importante do que parece.

Com o controle do império romano sobre a Palestina e a exploração econômica do povo judeu, o modo de vida camponês comunitário estava sendo desagregado e destruído. Muitos camponeses ficavam endividados por não conseguirem pagar os impostos governamentais e acabavam perdendo suas terras, que não eram apenas fonte de renda e sobrevivência, mas também onde tinham vizinhos, família, história e memória, ou seja, vínculos, sentido de pertencimento e base de identidade pessoal e comunitária.

A região da Palestina era dividida em pelo menos três sub-regiões: a Judeia (ao sul), a Galileia (ao norte) e a

Samaria (ao centro). O povo da Galileia era mais flexível no que dizia respeito à observância da lei religiosa e convivia mais frequentemente com outros povos quando comparado ao da Judeia. Tal convivência gerava trocas culturais mais intensas que acabavam influenciando e, até certo ponto, flexibilizando a vida religiosa dos galileus, que eram vistos com preconceito e desconfiança pelo povo da Judeia. Eram tratados como pagãos. Jesus era galileu, então não só fazia parte de um povo oprimido pelo império romano, como cresceu num território que era alvo de permanente hostilidade, até mesmo dentro de seu próprio povo.

É muito curiosa a história relatada no Evangelho de João em que um discípulo vai contar a um amigo que conheceu Jesus de Nazaré e que acreditava ser Jesus, o Messias, o escolhido e enviado de Deus para libertar o seu povo. Então o amigo faz a seguinte pergunta: "Pode vir alguma coisa boa de Nazaré?". Nazaré era um pequeno vilarejo camponês na região da Galileia. Fica nítido o preconceito que Jesus sofreu por ser um nazareno! Pobre, camponês, judeu, galileu, nazareno. Certamente Jesus conheceu a cruz muito antes de ir para ela. Essa é a experiência e a existência de Deus no mundo: lutar para sobreviver; buscar todos os dias o alimento; trabalhar para se sustentar; proteger-se da violência e da ganância dos ricos e dos poderosos. Muito longe dos palácios, das coroas, dos tapetes vermelhos e das canetas do poder.

JESUS, DEUS ENTRE NÓS, RESPIROU O AR DA PERIFERIA E TEVE O CORPO MARCADO PARA MORRER!

Assim, ao escolher assumir a condição humana, Deus, na soberania da sua vontade, caminhou no chão da periferia do mundo para sentir as dores e esperanças dos empobrecidos, oprimidos e vítimas de violência. "Em Jesus, Deus se fez carne e se fez classe." Essas duas dimensões são inseparáveis bíblica, espiritual e eternamente. O chão histórico e social da Bíblia, em especial do evangelho, é o chão dos empobrecidos e oprimidos – algo não simplesmente político e ideológico, mas uma verdade que brota do coração de Deus. Jesus não só conviveu com os pobres, mas viveu a experiência concreta da pobreza e da luta pelo pão de cada dia, sendo um alvo permanente da opressão e da violência.

Por isso, e este é o ponto fundamental deste livro, a experiência de Jesus está diretamente relacionada à experiência do povo negro no Brasil, no contexto da colonização aliado a um recorte de classe, já que viveu ao lado dos miseráveis, de quem passava fome e sede. Contudo, é preciso ir além do recorte econômico, pois os efeitos de quase quatro séculos de escravização do povo negro no país são sentidos e percebidos ainda hoje.

CAPÍTULO 1
A NATURALIZAÇÃO DA BARBÁRIE

O racismo é uma ferida aberta que todos os dias provoca morte *em* vida – dadas as ameaças, intimidações e muitas formas de causar constrangimento, desprestígio e desvantagem – e morte *da* vida. Muitas vezes, o racismo mata a chance de uma vida plena, provocando imenso sofrimento antes da morte em sua concretude.

O Brasil registra números que apontam, por exemplo, para o genocídio da juventude negra, pobre, das favelas e periferias do país. Não são apenas estatísticas, são vidas e famílias destruídas sob o signo da indiferença e da aprovação de um sistema cultural e estrutural racista.

O racismo não é apenas uma questão individual, de caráter, índole ou educação, nem uma doença. Focar a dimensão do caráter pessoal é não entender que o racismo faz parte da estrutura de organização e da história da nossa sociedade; é a normalidade historicamente construída. Isso significa dizer que o referido genocídio da juventude negra não é o sistema político, econômico e social dando errado: na verdade, se trata desses sistemas em perfeito funcionamento, pois as vidas negras são definidas como elimináveis e descartáveis. Trata-se da naturalização da barbárie. A indiferença, portanto, pode ser – e é em muitos casos – mais um sintoma do racismo, que não apenas produz a violência contra o povo negro, mas constrói afetos, emoções, subjetividades e narrativas que naturalizam essa realidade, tornando-a imperceptível, aceitável e desejável.

Durante a conquista extremamente violenta do chamado "Novo Mundo", o povo branco e europeu foi colocado como referência de humanidade, de civilização, ideal de desenvolvimento e de universalidade – noção que se mantém ainda hoje –, e é dentro desse contexto que se constrói a imagem do outro e que se firma a ideia de que os não brancos precisam ser ensinados, civilizados, dominados. O povo negro foi caracterizado como estranho, inferior, exótico, selvagem, animalesco e com uma aptidão nata ao trabalho braçal.

O racismo está diretamente vinculado à rentabilidade econômica da colonização. Em outras palavras, o povo negro servia de mão de obra escravizada para a economia agrária e exportadora das colônias. Por isso se fala em racismo estrutural, pois vai muito além de uma dimensão moral individual e comportamental. O conceito de raça para diferenciação e o racismo como hierarquia estão na base da construção dos Estados modernos, atravessando a economia, a política, o aparato jurídico, o sistema educacional, padrões de beleza, a moralidade e o imaginário coletivo.

O povo negro foi e tem sido concebido pela lente branca do racismo. Dentro dessa construção, o povo negro passou a ser uma invenção do branco e quem o branco diz que ele é. Justamente por isso o racismo é uma maneira de silenciar, enclausurar e "inventar" um povo, usurpando o direito de falar por si e sobre si. Existe aqui uma asfixia, pois se estrangula a garganta, a voz do negro, o direito de contar sua própria história e de se autodeterminar. O racismo produz silenciamento e é, evidentemente, uma forma de inferiorizar por meio da construção de uma relação de hierarquia e subalternidade, criando-se, assim, a justificativa para dominar, explorar, escravizar e matar. Há, então, a produção de uma diferença irreconciliável na qual o negro é tão diferente que nenhum traço de proximidade ou semelhança é percebido e valorizado. É o reconhecimento pela dessemelhança, em que o negro só é identificado por uma diferença exótica e constitutiva que não permite espaço para empatia nem para o sentimento de pertencimento comum à humanidade. Ao branco cabe apenas estranhar, se afastar e dominar, jamais conviver em pé de igualdade.

NA HISTÓRIA, SEMPRE QUE SE PRODUZ A IMAGEM DE UM "OUTRO" COMO INFERIOR OU INIMIGO, SE ABRE ESPAÇO PARA A NATURALIZAÇÃO DO GENOCÍDIO.

Muito antes de se manifestar numa ação violenta, como espancamento, xingamento, ações discriminatórias ou homicídio, o racismo está na forma de pensar e até mesmo de sentir; manifesta-se, portanto, na dimensão consciente e inconsciente: é o chão, a mediação, a lente por qual a mente interpreta e enxerga o mundo. Sobretudo, é uma relação de poder que confere privilégios ao povo branco em detrimento do povo não branco. Isso significa que ele não é meramente simbólico ou subjetivo, mas que impõe ganhos e perdas na concretude e na materialidade da vida.

Existe um princípio democrático fundamental: toda pessoa é inocente até que se prove o contrário. É uma garantia de liberdade. Para o povo negro, no entanto, essa regra se inverte: ser negro é ser culpado até que se prove o contrário; é carregar a marca da culpa, a necessidade de provar inocência e validade. É sentir que precisa chegar aos espaços pedindo desculpa e mostrando que não vai fazer mal a ninguém. É ter um corpo marcado pela insegurança, pelo medo, pela ameaça, pelo julgamento, pela cobrança e pela violência. Numa sociedade que precifica as pessoas, é possível dizer, como afirma a canção entoada por Elza Soares, que "a carne mais barata do mercado é a carne negra".[2]

---

2. Marcelo Yuka, Seu Jorge, Ulisses Cappelletti, "A carne", *Do cóccix até o pescoço*, Elza Soares. © 2002, Maianga.

O corpo negro é visto como descartável; é uma vida que a sociedade aceita, e até mesmo deseja, perder por não carregar o valor da dignidade humana. O desejo de eliminação existe e é pautado no ódio racial, que, muitas vezes, não aparece de maneira evidente ou não é elaborado conscientemente. O racismo aparece na sutileza, no silêncio, na apatia, na normalidade. É um debate que passa pela moral, mas vai muito além disso. O Brasil é um país conivente com as grandes mazelas enfrentadas pelo povo negro: além do genocídio da juventude, há o encarceramento em massa, a sub-representação nos espaços de poder, a frequente violência obstétrica sofrida por mulheres negras, a negligência médica geral, as diferenças absurdas no acesso à universidade e a disparidade no mercado de trabalho. Ser preso, morto ou humilhado são possibilidades cotidianas para o povo negro no Brasil. O racismo está entranhado na estrutura social, no Estado, na política, na economia, nos meios de comunicação, nos padrões estéticos, nas relações interpessoais, no imaginário coletivo, no consciente e no inconsciente, na forma de agir, pensar e sentir. Para superar, é preciso nomeá-lo e identificá-lo.

O SILÊNCIO É CÚMPLICE
DO RACISMO,
SEJA POR IGNORÂNCIA
OU INTENÇÃO DELIBERADA.

CAPÍTULO 2
QUEBRANDO AS LENTES DO PODER

Sendo um judeu da Palestina do século primeiro, é evidente que Jesus não foi branco. Contudo, a questão é mais profunda: há uma vinculação direta da experiência negra de Jesus com as dores, as lágrimas e as esperanças do povo negro no Brasil. Então é hora de retomar a questão bíblica: pode vir alguma coisa boa de Nazaré? Pode vir alguma coisa boa do povo negro? Essa é a conexão urgente que precisa ser feita. Se Deus, na história, assumiu para si a condição dos oprimidos, então qual seria a condição de Deus em nosso país hoje? É algo que vai para além da cor da pele, não é um debate exclusivamente geográfico ou histórico.

Deus, na soberania amorosa de sua vontade, quis manifestar seu amor a partir e por meio de Nazaré (território e condição). Se Jesus de Nazaré foi judeu na Palestina do século primeiro, então ele é negro no Brasil do século 21.

Jesus só pode ser *hoje* a partir de quem ele *foi* no contexto histórico relatado nos evangelhos. Nós, cristãos, afirmamos que Jesus não foi apenas um profeta que caminhou ao lado dos empobrecidos e que foi morto pelo império romano, cremos que, junto a tudo isso, Jesus é manifestação de Deus na história e que ele venceu a morte, ressuscitou e se mantém entre nós, revelando a vontade de Deus. Jesus de Nazaré (experiência histórica) é Jesus Cristo (experiência eterna).

Existe um lindo trecho do Evangelho de João em que Jesus aparece ressurreto aos seus discípulos com as feridas em seu corpo como marcas da crucificação. Isso significa que o Jesus glorioso que vence a morte não pode ser separado do Jesus nazareno, de suas escolhas de vida e da sua morte violenta na cruz. Talvez a maior tragédia do cristianismo, enquanto religião institucional, tenha sido esquecer o Jesus dos evangelhos, de seu corpo e de seu chão histórico e social. Dessa maneira, se criou um Cristo que em nada se parece com o Jesus dos evangelhos. Um brilhante teólogo e pastor, meu amigo Ronilso Pacheco, afirma categoricamente: a Bíblia é um livro negro de interpretação historicamente branca.

HÁ UMA RELAÇÃO ENTRE A CRUZ, O NAVIO NEGREIRO E O CAMBURÃO DA POLÍCIA.

A Bíblia foi escrita em ambiente semelhante ao dos quilombos, mas vem sendo interpretada na sala da casa-grande. Ela traz uma experiência popular, periférica e negra: conta como Deus se compadece dos oprimidos e os chama para a liberdade. Sua interpretação, contudo, vem sendo feita pela lente daqueles que não só oprimem, mas que se beneficiam das estruturas de opressão como projeto de poder. O Cristo glorioso concebido pela perspectiva dos poderosos se afasta do Jesus de Nazaré. Não é apenas uma questão de diferença, mas de antagonismo.

O ambiente do quilombo se define pela luta por liberdade e pelo fim da escravidão. Já o ambiente da casa-grande se define por manter o trabalho escravo e lucrar com ele. São diferenças irreconciliáveis. Jesus de Nazaré foi preso, torturado e morto pelo império romano. Alguns séculos depois, o cristianismo, religião derivada dos ensinamentos de Jesus – mas que ele mesmo não fundou ou conheceu –, se tornou a religião oficial do Estado que o matou. Um contrassenso grave e que repercute até hoje. Como saber que Jesus andou com os pobres e denunciou o acúmulo de riquezas e a concentração de poder se a igreja começou a falar pelos ricos e poderosos? Como saber que Jesus foi vítima da violência do Estado se a igreja começou a falar pelo Estado?

Interpretar a Bíblia pelas lentes do poder descontextualiza seus textos, descarta sua dimensão histórica, silencia seus conflitos políticos, econômicos e sociais, abafa sua profecia. A religiosidade derivada do poder opressor transforma o evangelho num pacote moral e em regras de comportamento individual feitas para uma vida eterna completamente descomprometida com a história e com os conflitos do tempo presente. É conveniente para a manutenção das estruturas de poder esconder as marcas do Jesus de Nazaré. Quando o nazareno é silenciado, se perde referência ética e histórica. E se não tivermos como ponto de partida o testemunho dos evangelhos, qualquer coisa dita sobre ele acaba sendo validada. Afirmar a condição negra de Jesus é confirmar que, assim como estava com os oprimidos na Palestina do primeiro século, ele permanece com os oprimidos hoje. Quem Jesus é só pode ser em coerência com quem Jesus foi!

Os evangelhos estão dentro de um determinado contexto cultural, histórico, político, social e econômico. Não se deve ler a Bíblia sem perceber as diferenças entre o tempo das histórias contadas e o nosso tempo, mas se deve ler com o amor como filtro interpretativo e com a percepção de que seu fio condutor é o compromisso de Deus com os oprimidos. A vida é complexa, as sociedades mudam com o tempo, as culturas e pessoas são diferentes.

Podemos compreender a dimensão cultural da vida de Jesus e contextualizar sua mensagem. O tempo histórico presente tem desafios e questões que não existiam na época e na cultura que ele viveu. Contudo, desde os tempos mais antigos, a história tem sido marcada por sistemas de injustiça e exploração que maltratam e entristecem o povo. Em toda a Bíblia fica nítido: Deus revela seu amor pela humanidade a partir da experiência dos oprimidos, sempre apontando para sua libertação e para o estabelecimento da justiça pelo amor. Jesus é a expressão da vontade de Deus, a ação de Deus na história. Então como discernir essa ação? Como perceber o movimento de Deus no mundo? A pista está no chão da Bíblia, na periferia de Nazaré, no testemunho de Jesus.

"Afirmar a negritude de Jesus não reduz a universalidade do evangelho que deve ser para todos? Não é uma maneira de distinguir as pessoas?" Mais uma vez, cabe lembrar que o Jesus branco não incomoda ou traz esse tipo de questionamento. E aqui reside um ponto fundamental: a universalidade não é neutra. Numa sociedade racista, a pretensa universalidade esconde exclusão e violência. É uma igualdade falsa, que fica na palavra, mas não se verifica na realidade. É, portanto, a projeção da cultura branca como universal.

No contexto da colonização das Américas e do imperialismo europeu sobre a África e a Ásia, se proclamavam os direitos humanos universais enquanto se praticava toda sorte de violência contra os povos africanos, asiáticos e indígenas. Ou seja, a universalidade é sempre uma projeção, uma construção política e histórica. Deus é eterno, atemporal e universal, mas a experiência de Deus é sempre feita no chão da história e da cultura. Ou seja, Deus é universal, de fato. A experiência de Deus é contextual, sempre.

Minha vovó Ruth, mulher do interior do Rio de Janeiro, nascida no início do século 20, vivencia Deus a partir de seu lugar e contexto. Eu, nascido no final do século 20, numa cidade grande, experimento Deus a partir do meu lugar e contexto. Assim como um homem formado numa sociedade patriarcal e machista difere de uma mulher formada nessa mesma sociedade, considerando-se a especificidade dessas experiências mediadas pela tradição cristã. O povo negro tem sua experiência a partir de sua singularidade num contexto racista. O povo branco tem outra experiência dentro dessa mesma sociedade. Para além dos recortes culturais, temporais, de classe, raça, gênero e outras tantas variáveis, ainda podemos afirmar que cada pessoa é uma impressão própria no mundo.

Quando me refiro ao caráter contextual da experiência com Deus, aponto justamente para essa diversidade humana – importante para nos livrar da pretensão de dominar Deus e para que o nosso coração possa sentir que sua presença é sempre maior que a experiência que temos, maior que nossos pensamentos, que nossas palavras, que a razão, a espiritualidade e a religião. Se nossa experiência com Deus é sempre contextual, então nossas palavras serão limitadas para dar conta de sua grandeza e totalidade.

Ou seja, a validade da palavra atribuída a Jesus está em se ela corresponde ou não ao sentido da vida dele, marcada pela identificação e compromisso com os empobrecidos, oprimidos e vítimas de violência. Portanto, as palavras atribuídas a Jesus que revelam essa identificação e esse compromisso são coerentes. Já as que escondem, minimizam ou contradizem isso não o são.

Num país marcado pela dor da escravização e do racismo, afirmar a negritude de Jesus é coerente, pois sinaliza e atualiza o sentido da mensagem e da vida dele. Não deveria escandalizar nem causar incômodo.

O que muitas vezes me pergunto é se não é o próprio Jesus que escandaliza. O evangelho é uma ofensa para toda construção moral com base na opressão, bate de frente com quem define sua riqueza a partir da exploração e da pobreza dos outros. Não faz coro com uma falsa universalidade que esconde a violência, mas assume o lugar dos oprimidos para denunciar a condição privilegiada dos opressores.

Assim sendo, reivindicar a negritude de Jesus não reduz a potência e a universalidade do evangelho. A mensagem continua sendo a do amor de Deus por todas as pessoas. Esse amor assume o lugar e o lado das vítimas – assume a dor, o grito, as lágrimas e as esperanças de quem sofre diante do racismo, e não fica em silêncio nem é neutro diante das injustiças humanas e da opressão.

CAPÍTULO 3
O CANTO DE MARIA

Maria era uma mulher vivendo no contexto de uma sociedade patriarcal. Era pobre numa sociedade profundamente desigual, o pequeno vilarejo de Nazaré, na Galileia. Ela, então, é surpreendida com a visita do anjo Gabriel, mensageiro de Deus:

> No sexto mês, o anjo Gabriel foi enviado por Deus a uma cidade da Galileia, chamada Nazaré, a uma virgem que estava comprometida a casar com um homem da casa de Davi, cujo nome era José. A virgem se chamava Maria. E, aproximando-se dela, o anjo disse: — Salve, agraciada! O Senhor está com você. (Lucas 1:26-28)

Essas palavras me emocionam e me falam ao coração. Deus enviou seu anjo à periferia para falar *diretamente* com uma mulher e enchê-la de esperança e empoderamento. O território escolhido não foi por acaso. A classe social escolhida não foi sem razão. O anjo não foi para Roma, capital do império romano. Também não foi para Jerusalém, capital e cidade histórica da Judeia, nem foi a José para, por meio dele e com sua autorização, chegar até Maria. O anjo foi ao campo, a um pequeno e esquecido vilarejo, a um lugar desimportante do ponto de vista do sistema imperial romano. Longe dos holofotes do poder, do requinte das elites, dos palácios imperiais, das mesas dos ricos e das regras patriarcais. Ali acontece a epifania, a manifestação de Deus na vida de uma simples mulher.

Creio que tal acontecimento é uma referência para a nossa vida e para a discussão racial e antirracista no Brasil. A espiritualidade do evangelho nasce do contrapoder, na contramão da ordem dominante, no chão onde o povo pisa. O Espírito de Deus sopra onde quer e não temos controle sobre sua origem e seu destino. É vento que não se deixa controlar, que, segundo a perspectiva bíblica, sopra a favor da justiça e vem dos lugares e dos corpos em que ela está ausente. É livre, mas nos deixa pistas da direção de sua atuação. É impactante a expressão do anjo para Maria: "O Senhor está com você". Creio que essa voz divina ecoa até hoje e chega especialmente às pessoas que vivem nas ruas; às vítimas de violência; às mães solo que lutam para educar seus filhos; aos trabalhadores que batalham para ter o que comer; àqueles que sofrem o desespero

POR TRÁS DA AFIRMAÇÃO DE QUE SOMOS TODOS IGUAIS, HÁ A OMISSÃO DE UMA SÉRIE DE HIERARQUIAS E MECANISMOS DE OPRESSÃO.

da fome; às mães que perderam seus filhos para a violência; aos camponeses sem terra que só querem plantar para viver com dignidade; aos refugiados que buscam acolhida para fugir de guerras; aos povos indígenas que lutam por suas terras e por liberdade. E creio que chega também ao povo negro de um país tão destruído pela violência do racismo.

O anjo Gabriel anuncia que Maria gestará o Filho de Deus, o salvador e libertador do povo. Que magnífico! A salvação vem da periferia, dos oprimidos! O povo judeu vinha de uma longa sequência de opressão imposta por impérios estrangeiros. Tratava-se de um povo cansado e sofrido, que ansiava por liberdade, justiça e paz. É nessa expectativa de libertação que se encontra a cultura messiânica do povo judeu, diretamente associada à superação das cadeias da opressão política e econômica. Era a ideia de que Deus não havia abandonado o povo oprimido, e sim ajudava-o a caminhar e a não perder a esperança de que, no devido tempo, a história seria radicalmente visitada e transformada em favor da libertação. A expectativa messiânica, portanto, tinha um forte teor revolucionário.

Libertação e revolução. Afinal de contas, o que isso quer dizer? Lembro-me de George Floyd, homem negro estadunidense que foi estrangulado e morto por um policial. Enquanto o policial o sufocava, George dizia: "Eu não consigo respirar". Essa expressão ajuda a entender o significado do conceito de opressão e, a partir daí, o que é libertação. A opressão impede que a pessoa desenvolva a capacidade e a singularidade plenas de sua existência. É uma relação de poder em que alguns se beneficiam da asfixia de outros. Como viver sem oxigênio? O corpo padece, perde força e vitalidade até morrer. O racismo é uma forma de opressão porque estabelece uma relação de poder mediante a demarcação racial de supremacia branca, impondo diariamente desvantagens, ameaças e riscos ao povo não branco, e essa é uma forma de opressão ancorada na estrutura de funcionamento de nossa sociedade.

Libertação é o ato de acabar com a relação de opressão. É projeto e processo históricos e coletivos. Revolução é o meio pelo qual a libertação acontece. Trata-se de uma mudança radical na sociedade em favor da justiça, da paz, da liberdade.

Maria acolhe a visitação de Deus e, empoderada, decide cantar ao mesmo tempo que é tomada pelo canto:

> Então Maria disse: "A minha alma engrandece ao Senhor, e o meu espírito se alegrou em Deus, meu Salvador, porque ele atentou para a humildade da sua serva. Pois, desde agora, todas as gerações me considerarão bem-aventurada, porque o Poderoso me fez grandes coisas. Santo é o seu nome. A sua misericórdia vai de geração em geração sobre os que o temem. Agiu com o seu braço valorosamente; dispersou os que, no coração,

alimentavam pensamentos soberbos. Derrubou dos seus tronos os poderosos e exaltou os humildes. Encheu de bens os famintos e despediu vazios os ricos. Amparou Israel, seu servo, a fim de lembrar-se da sua misericórdia a favor de Abraão e de sua descendência, para sempre, como havia prometido aos nossos pais. (Lucas 1:46-55)

O canto de Maria personifica os conceitos de libertação e revolução. O canto se inicia com um elemento de festa e de celebração: "meu espírito se alegrou em Deus, meu Salvador". É fundamental perceber que a espiritualidade do evangelho tem alegria, brincadeira, canto, poesia e liberdade interior. É equivocada a percepção que a luta pela liberdade exclui o riso. É também errada a percepção de que a periferia é tão somente um lugar de tristeza. Ainda cabe dizer que não corresponde à realidade resumir a luta do povo oprimido a um processo de resistência. A tristeza tem seu valor e nos ajuda em processos de reflexão, interiorização e mudança de coração e de postura; não pode ser negada ou sublimada, mas deve ser acolhida e vivida com integridade. A dor é um solo sagrado que exige muito respeito.

O afeto da alegria, contudo, expande nossa vontade de viver, é parte essencial da vida, dádiva de Deus; trata-se de saborear a experiência de estar vivo. Rir é um ato de resistência. Os sistemas de opressão, sem dúvida alguma, são inibidores da alegria, mas a vida é complexa e cheia de mistérios. Jesus, por exemplo, no Sermão da Montanha afirmou: "Bem-aventurados os que choram, porque serão consolados" (Mateus 5:4). Ele viu a possibilidade da alegria na sensibilidade, na compaixão, na ternura; viu a possibilidade da alegria dentre os marginalizados, porque especialmente a eles foi confiada a boa notícia do amor de Deus. Como diz uma canção de Marcelo Yuka: "As grades do condomínio são pra trazer proteção. Mas também trazem a dúvida se é você que está nessa prisão".[3]

Curiosamente, há muita solidão, desespero e vazio existencial na casa dos ricos e poderosos. De igual forma se pode verificar que há festa, alegria e festejo nos territórios da pobreza. Essa afirmação de maneira nenhuma deve levar à conclusão de que não importa superar as injustiças porque elas nada têm a ver com a alegria da condição humana. Seria conveniente para os opressores e contrário ao evangelho. Quero registrar apenas que a alegria mais profunda do coração humano está em se sentir parte de um projeto amoroso de libertação e revolução para que a humanidade possa desfrutar do melhor potencial de si mesma. Essa é a alegria do coração de Maria. Esse é o batuque festivo que toca em Nazaré.

---

3. Marcelo Yuka, "Minha alma (a paz que eu não quero)", *Lado B Lado A*, O Rappa. © 1999, Warner Music.

Maria está feliz e sua felicidade é uma resistência ao poder entristecedor do império romano. Ela está feliz porque "... Deus atentou para a humildade da sua serva...". Maria, esquecida pelas elites, pelo Estado e pelo poder, foi lembrada e visitada por Deus. Ela se empodera do valor da sua vida e de seu povo e, assim, segue cantando e bendizendo o agir de Deus na história. É nesse ponto que salta aos olhos a radicalidade espiritual do evangelho.

Convido você a não ter medo da expressão "radical", pois ela significa tão somente ir à raiz dos problemas para resolvê-los de vez. Reparem nos feitos e efeitos de Deus, segundo o canto dessa mulher. O canto diz que "... dispersou os que, no coração, alimentavam pensamentos soberbos". O agir de Deus confronta a ganância, a ambição egoísta, a vaidade e a sede de poder do coração humano.

O racismo é um sistema de opressão presente nas estruturas políticas e econômicas que encontra respaldo na ganância humana. Em vários momentos dos evangelhos, Jesus, aclamado pela multidão, optava por ir a lugares solitários para orar. Parece-me que Jesus queria preservar seu coração fiel às causas do povo; ele não queria transformar um projeto coletivo de libertação e revolução num projeto pessoal de autopromoção. Jesus percebeu os riscos presentes no coração humano e nas estruturas de poder da própria sociedade em que vivia. Afastar-se era se preparar para estar junto! No canto de Maria, toda relação de poder é questionada.

O canto segue narrando os feitos e efeitos de Deus na história: "... derrubou do trono os poderosos e exaltou os humildes, encheu de bens os famintos e despediu vazios os ricos". Essa parte ilumina ainda mais o fato de Deus assumir a causa dos oprimidos. Não se trata de promover a conciliação entre opressores e oprimidos, mas de eliminar a relação de opressão. Repare que, para exaltar os humildes, é preciso derrubar dos tronos os poderosos. Só assim a justiça pode ser feita e a verdadeira igualdade celebrada. Fazer justiça é um ato de amor. Esse é o projeto histórico do evangelho cantado por essa mulher da periferia.

Num país estruturalmente racista como o Brasil, é fato que o poder e o privilégio estão relacionados à branquitude. Portanto, a atualização do espírito do evangelho para nosso contexto histórico é a proclamação de libertação do povo negro dessa estrutura. Não se trata de vingança e muito menos de ódio. Trata-se, na verdade, de reparação e restauração mediadas por um amor verdadeiro. O evangelho não é neutro ou omisso diante do racismo. Ele é antirracista e nos chama à reflexão, ao arrependimento, à ação e à parceria com o movimento de Deus na história e no nosso tempo.

Para que o racismo seja superado, é preciso que os brancos percam privilégio, poder e vantagem. É uma ruptura necessária para que uma verdadeira comunhão possa ser experimentada e vivida por todas as pessoas, sem distinção. Por isso todo processo de libertação envolve conflito; os opressores raramente estão dispostos a abdicar de seus instrumentos de poder e obtenção de privilégio, e esse fato exige espírito coletivo e perseverança na luta por justiça. Lembro-me de uma fala de Dom Helder Câmara: "Se dou pão aos pobres, todos me chamam de santo. Se mostro por que os pobres não têm pão, me chamam de comunista e subversivo".[4] Questionar a raiz e a causa de problemas e buscar soluções estruturais muitas vezes pode ser perigoso, justamente por causar uma sensação de perda de privilégios em quem se beneficia desse sistema.

O evangelho é um convite para participar do movimento de Deus na história, ser seu amigo, cooperar com ele na caminhada por um mundo de verdadeira igualdade na diversidade. O canto de Maria ressoa até hoje como estímulo, desafio, convite e convocação a partir dos recortes territorial, de classe e racial, com a coragem de desafiar os opressores. Transborda de gratidão e de alegria por nos revelar a bondade e o amor de Deus. Atualizar o canto de Maria é assumir a luta antirracista no Brasil e afirmar e celebrar a condição popular, negra e libertadora do Evangelho de Jesus.

---

4. Instituto Vladimir Herzog, "Dom Hélder Câmara", *Memórias da Ditadura*. Disponível em: <http://memoriasdaditadura.org.br/biografias-da-resistencia/dom-helder-camara>; acesso em: 24 fev. 2023.

CAPÍTULO 4

SOBREVIVENDO AO GENOCÍDIO

Na ocasião do nascimento de Jesus, Maria deu à luz em um estábulo porque não havia quartos na hospedaria:

> Então Maria deu à luz o seu filho primogênito, enfaixou o menino e o deitou numa manjedoura, porque não havia lugar para eles na hospedaria. (Lucas 2:7)

Muito me chama a atenção o trecho "não havia lugar para eles", pois não se trata apenas de não haver leito, mas da precariedade e da fragilidade do contexto em que Jesus nasceu, como parte de um povo empobrecido, explorado e marginalizado, numa sociedade que não oferece a ele estabilidade, segurança, liberdade ou possibilidades de vida. O que, mais uma vez, nos remete diretamente à condição do povo negro no Brasil.

Certa vez, conversando com um grande amigo chamado Wesley Teixeira – nascido e crescido na Baixada Fluminense e, desde muito novo, envolvido em causas sociais – sobre os desafios de nossa atuação política como jovens, negros e evangélicos, mencionei o quanto me sentia desconfortável em certos ambientes de reuniões, assembleias, plenárias, atos. Compartilhei com ele o meu medo de falar e de me posicionar, a timidez que me acompanhava. Com um olhar firme, mas terno e cúmplice, ele me disse: "Óbvio, meu amigo, evidente que você não se sente bem. Esses lugares não foram e não são feitos para nós. Essa sociedade não é feita para nós".

Wesley me fez entender melhor que essa sensação de não lugar é fruto do racismo, especialmente quando falamos de lugares de poder, de fala e de decisão. Eles não são feitos para nós, pessoas negras. Meu amigo disse aquelas palavras não em tom de resignação, passividade ou desistência, muito pelo contrário; ele quis me encorajar, mobilizar minha indignação e minha rebeldia e me convidar a criar o lugar para que nossa vida e nosso corpo possam se desenvolver com liberdade e confiança – assim como Jesus.

> Tendo Jesus nascido em Belém da Judeia, nos dias do rei Herodes, eis que vieram uns magos do Oriente a Jerusalém. E perguntavam: — Onde está o recém-nascido Rei dos judeus?

> Porque vimos a sua estrela no Oriente e viemos para adorá-lo. Ao ouvir isso, o rei Herodes ficou alarmado, e, com ele, toda a Jerusalém. (Mateus 2:1-3)

A notícia do nascimento de Jesus se espalhou e, com ela, surgiu a discussão sobre ele ser o Messias, o enviado de Deus para libertar o povo. O governador Herodes, em especial, ficou muito preocupado. Como a perspectiva messiânica estava associada à visitação de Deus na história para chacoalhar as estruturas de poder e fazer justiça aos pequenos, a notícia do nascimento de Jesus incomodava Herodes porque ele sentia seu poder ameaçado.

> Com isto, Herodes, tendo chamado os magos para uma reunião secreta, perguntou-lhes sobre o tempo exato em que a estrela havia aparecido. E, enviando-os a Belém, disse-lhes:
> — Vão e busquem informações precisas a respeito do menino; e, quando o tiverem encontrado, avisem-me, para eu também ir adorá-lo. (Mateus 2:7,8)

Olhando para o céu e interpretando as estrelas, os magos do Oriente descobriram o nascimento do Messias e o caminho que deviam fazer para encontrá-lo. Herodes, então, os chamou sob o pretexto de querer adorar a Jesus.

> Entrando na casa, viram o menino com Maria, sua mãe. Prostrando-se, o adoraram; e, abrindo os seus tesouros, entregaram-lhe suas ofertas: ouro, incenso e mirra. E, tendo sido avisados por Deus em sonho para não voltarem à presença de Herodes, os magos seguiram por outro caminho para a sua terra.
> Depois que os magos foram embora, um anjo do Senhor apareceu em sonho a José e disse: — Levante-se, tome o menino e a sua mãe e fuja para o Egito. Fique por lá até que eu avise você; porque Herodes há de procurar o menino para matá-lo.
> (Mateus 2:11-13)

Os magos encontraram Jesus, presentearam o menino e festejaram o acontecimento histórico. Nas entrelinhas da história, longe das estruturas de poder, junto aos animais do campo, sob a benção das estrelas, no encontro entre tradições religiosas e culturais diferentes, José, Maria, Jesus e aqueles magos festejavam a esperança e o agir de Deus na história.

Vendo-se iludido, Herodes ficou furioso e mandou matar todos os meninos de Belém e arredores com menos de 2 anos de idade, conforme as informações que havia recebido dos magos a respeito do tempo em que a estrela havia aparecido. Herodes usa da máquina da violência para matar os meninos do povo. Famílias desoladas, mães inconsoláveis, rios de lágrimas. Nem as crianças são poupadas quando o objetivo é a manutenção das dinâmicas de dominação. O Estado não aceita a rebeldia e a organização do povo; a opressão não tem limites para se preservar. Jesus nasce sob ameaça e marcado para morrer; sua vinda tem como objetivo cumprir o canto de Maria. Fica evidente o quanto a violência é usada frequentemente como um instrumento para impedir mobilizações populares que possam contestar a ordem. A minha pergunta é: a situação hoje é diferente? Temo que não. O Estado brasileiro é extremamente violento contra a população empobrecida e negra. Não é uma violência aleatória, mas sistêmica e funcional, ou seja, necessária para a contenção daqueles que sobram numa sociedade elitista, desigual e racista.

Contudo, Deus está ao lado das pessoas em situação de vulnerabilidade e revela seu projeto para a humanidade a partir dos últimos do mundo. Jesus, em sua infância, fez parte de uma família de refugiados, mais um traço que aproxima a vida de Jesus do povo desvalido. É ainda muito significativo que o Egito, norte da África, tenha sido o espaço de acolhida, refúgio, sobrevivência e proteção para Jesus e sua família. O teólogo Ronilso Pacheco levanta mais uma reflexão: se Jesus fosse branco, seria estranho tentar escondê-lo num território majoritariamente negro. Sendo o objetivo proteger o menino, faria pouco sentido a opção pelo Egito.

Contudo, o que mais quero chamar atenção é para a experiência de vida de Jesus, isto é, as condições objetivas e subjetivas da sua vida. Quem hoje no Brasil é alvo permanente da violência do Estado? Quais corpos são selecionados como culpados e vivem sob ameaça constante? Onde estão e quem são os meninos que mais morrem como fruto da violência, principalmente operada pelo próprio Estado? Quem são as mães inconsoláveis que choram a morte de seus filhos? Como podemos olhar para a história e para a realidade do Brasil e não perceber a ferida aberta do racismo? Tão profunda, complexa e estrutural que, tantas vezes, não conseguimos mais vê-la – ainda assim, é impossível não perceber a semelhança, a proximidade, a identificação de Jesus com a condição e a luta do povo negro neste país! É preciso aprender a ler os evangelhos e a vida, deixar-se tocar pelos dramas e pelas esperanças do povo oprimido e identificar a centralidade da questão racial e da luta antirracista.

É ESSENCIAL LER JESUS
NÃO A PARTIR DA LENTE
DO ESTADO QUE O MATOU,
MAS DA PERIFERIA
QUE O FORMOU.

CAPÍTULO 5
O ROSTO DE JESUS É O ROSTO DO OPRIMIDO

Jesus dedicou a vida à libertação humana, manteve-se fiel ao projeto de Deus e permaneceu ao lado dos pequenos mesmo diante de tentações que buscavam desviá-lo do seu propósito com o povo. Segundo o Evangelho de Lucas, Jesus foi conduzido ao deserto pelo Espírito Santo e ali teve seu coração provado.

> Jesus, cheio do Espírito Santo, voltou do Jordão e foi guiado pelo mesmo Espírito, no deserto, durante quarenta dias, sendo tentado pelo diabo. Nada comeu naqueles dias, ao fim dos quais teve fome. Então o diabo disse a Jesus: — Se você é o Filho de Deus, mande que esta pedra se transforme em pão. Mas Jesus lhe respondeu: — Está escrito: "O ser humano não viverá só de pão." (Lucas 4:1-4)

O diabo aparece como o adversário do projeto de Deus. Na primeira tentação, ele tenta fazer com que Jesus utilize seu poder para se alimentar e matar a fome à qual estava submetido. Jesus rejeita tal solução, pois tem compaixão por todas as pessoas que conhecia e com quem convivia que não tinham nada para comer nem poder para se livrar de seu sofrimento. Ele não quis agir em benefício próprio – procurou caminhar com o povo para promover a partilha do pão e, assim, construir uma solução comunitária para a fome.

Na resposta de Jesus, há o convite à Palavra de Deus, que tem a capacidade de provocar compaixão, comunhão, comunidade e saciar a fome de todas as pessoas. Contudo, a tentação continuou:

> Então o diabo o levou para um lugar mais alto e num instante lhe mostrou todos os reinos do mundo. E disse: — Eu lhe darei todo este poder e a glória destes reinos, porque isso me foi entregue, e posso dar a quem eu quiser. Portanto, se você me adorar, tudo isso será seu. Mas Jesus respondeu: — Está escrito: "Adore o Senhor, seu Deus, e preste culto somente a ele." (Lucas 4:5-8)

O diabo quis seduzir Jesus por meio do poder, da glória, do status, da importância e do privilégio. Quantos projetos coletivos em nossa sociedade já não foram completamente perdidos por conta da sede de poder?

Jesus era movido pela compaixão diante do sofrimento humano. Não se trata de pena – um sentimento vertical de quem se sente superior e busca conceder um favor a quem está em situação de vulnerabilidade –, mas de sentir junto, numa perspectiva horizontal de quem partilha do sentimento de pertencimento comum à humanidade. Compaixão gera o dever ético de cuidar, consolar, socorrer e reparar.

Tarde da noite, em um lugar deserto, estava uma multidão que passara o dia inteiro ouvindo as palavras de Jesus. Os discípulos, preocupados, pedem que Jesus despeça a multidão para que os aldeões possam ir comprar comida. Jesus os desafia a alimentá-los; eles, surpresos, não sabem como fazer. Jesus pergunta o que estava disponível de alimento e a resposta aponta a insuficiência, pois só tinham cinco pães e dois peixinhos – pouco para alimentar tanta gente. Jesus, então, pede que as pessoas se sentem em círculo, que se olhem e se reconheçam, evocando a organização coletiva.

Mais que um feito poderoso, Jesus ensina a ética da comunidade e da partilha que sacia a fome do povo. De um lado, há a lógica do império romano de luxo, concentração de riquezas, exploração e violência contra o povo. Do outro, há a proposta de Jesus de formar comunidade, gerar horizontalidade, valorizar as pessoas igualmente, de agir por compaixão, partilhar os bens para que todas as pessoas tenham vida.

Jesus cresceu em Nazaré, conviveu desde criança com a pobreza, com a luta diária para sobreviver, viu a violência do império romano sobre seu povo. Teve a proposta de se afastar dele, de render-se ao luxo do poder, assumir o topo da hierarquia, desfrutar dos privilégios da elite. Disse não à tentação: recusou a idolatria, afirmou sua obediência e adoração somente a Deus, preferiu manter os pés perto das pessoas cuja voz é sufocada pelas estruturas de poder. No trecho do evangelho a seguir, podemos ver, mais uma vez, o contraponto oferecido por Jesus. Uma mãe pede que seus filhos tenham grande prestígio no reino a ser inaugurado por Jesus. Ela acredita que ele derrubará o império romano e imagina que, na nova sociedade, seus filhos poderão ter altos cargos, ou seja, se sentarão ao lado de Jesus no trono:

> Então se aproximou de Jesus a mulher de Zebedeu, com seus filhos, e, adorando-o, pediu-lhe um favor. Jesus lhe perguntou: — O que você quer? Ela respondeu: — Mande que, no seu reino, estes meus dois filhos se assentem um à sua direita e o outro à sua esquerda. Mas Jesus disse: — Vocês não sabem o que estão pedindo. Será que podem beber o cálice que eu estou para beber? Eles responderam: — Podemos. Então Jesus lhes disse: — Vocês beberão o meu cálice. Quanto a sentar à minha direita e à minha esquerda, não me compete concedê-lo, pois é para aqueles a quem está preparado por meu Pai. Quando os outros dez discípulos ouviram

**PARA QUE OS FAMINTOS
TENHAM BENS,
É PRECISO DESTITUIR
OS RICOS DE SUA RIQUEZA
E DA CONDIÇÃO DE
PRIVILÉGIO HISTÓRICO.**

isso, ficaram indignados com os dois irmãos. Então Jesus, chamando-os para junto de si, disse: — Vocês sabem que os governadores dos povos os dominam e que os maiorais exercem autoridade sobre eles. Mas entre vocês não será assim; pelo contrário, quem quiser tornar-se grande entre vocês, que se coloque a serviço dos outros; e quem quiser ser o primeiro entre vocês, que seja servo de vocês; tal como o Filho do Homem, que não veio para ser servido, mas para servir e dar a sua vida em resgate por muitos. (Mateus 20:20-28)

Jesus chama a atenção dela para o sacrifício que envolve a tarefa de transformar a realidade. Faz alusão ao cálice que ele está prestes a beber, pois percebe o fechar do cerco, o aumento da oposição, a proximidade das forças do império romano e a cruz cada vez mais iminente. Então é importante notar que Jesus não rejeita o caráter transformador e histórico de seu movimento, de seus ensinamentos e do Reino de Deus como horizonte. Enfatizo esse ponto, pois uma leitura colonizadora da Bíblia tende a retirar o caráter político do Reino de Deus, tirando Jesus do chão da história e transformando-o em mestre da moral e um passaporte para uma vida eterna que em nada condiz com os conflitos do mundo. Mas se a leitura da Bíblia for feita considerando o próprio contexto bíblico, fica perceptível que Deus age de acordo com as urgências do tempo presente, nos chamando para mudanças concretas que são sementes do horizonte histórico a ser plenamente realizado. Em outras palavras: o Reino do qual Jesus falava era, sim, um manifesto de contrapoder ao império romano com implicações políticas concretas.

A pergunta é: qual é a qualidade desse Reino e como se estabelecem as relações entre as pessoas? No texto, se percebe que os discípulos ficaram muito irritados com a postura da mãe e de seus filhos. Como se dissessem: "Que negócio é esse de já antecipar quem vai se sentar ao lado de Jesus?". Jesus, identificando a preexistência de uma disputa de poder dentro de seu movimento, oferece uma resposta exemplar e aponta que, naquela sociedade, os governantes dominavam e exerciam autoridade sobre o povo, arrematando com uma expressão forte e belíssima: "Entre vocês não será assim".

Esse é o contraponto mais incisivo à tentação diabólica pela qual Jesus passou no deserto – lembre-se de que o diabo ofereceu a ele autoridade e poder sobre todos os reinos do mundo. Jesus, porém, rejeita a sedução do poder, não cede à lógica hierárquica e opressora do império romano. Ele é revolucionário, seus olhos estão voltados para a periferia e seu clamor. Jesus afirma que quem deseja ser grande deve ser como quem serve; quem deseja ser o primeiro que viva como último e se coloque como exemplo, pois foi enviado não para ser servido, mas para servir e dar a sua vida pelo resgate de muitos.

O Filho de Deus não buscava privilégios ou poder, mas realizar o propósito de sua vida no serviço ao povo, no compromisso com os empobrecidos, na renúncia ao poder que oprime, na recusa da tentação de mandar nas pessoas e exigir obediência. Jesus é o rei que rejeita a coroa; o senhor que prefere ser amigo; é aquele que, segundo a memória bíblica, entra em Jerusalém montado num jumentinho e no meio do povão. Enquanto a cavalaria era símbolo de poder do império romano, Jesus preferia o simples jumentinho e a companhia dos pobres. A diferença é brutal: o imperador no palácio, protegido por armas e sendo levado por sua cavalaria; Jesus nas ruas, no meio do povo e disposto a dar sua vida para salvar a humanidade.

Como não se deixar tocar pela fidelidade de Jesus ao projeto de Deus? Como não perceber os desafios para o nosso tempo? Vejo o povo brasileiro sofrer com a fome e a miséria, com muitas horas de trabalho e salários baixos, horas num trânsito caótico para se locomover nas cidades, tendo de escolher entre pagar o aluguel ou comprar comida e remédio, buscando um palmo de terra para plantar e sobreviver, lutando para ter uma casa digna e segura que não desmorone diante de chuvas. As instituições de poder são insensíveis ao povo: desde a chibata até o fuzil, este país é construído para conter, explorar, encarcerar e eliminar a população negra. Então vem a voz diabólica e procura sutilmente afastar nosso coração da luta, nos convencer das artimanhas do poder, nos acomodar aos privilégios do dinheiro, nos seduzir pelo desejo de fama e de status. E ela não aparece como monstruosa, mas como sedutora. Fica evidente que tal voz está inscrita nos arcabouços de poder da nossa sociedade. Jesus, entretanto, olhou para os reinos deste mundo e preferiu ficar com a Nazaré que ele conhecia e amava. O diabo, então, apresentou a Jesus mais uma tentação.

> Então o diabo levou Jesus a Jerusalém, colocou-o sobre o pináculo do templo e disse: — Se você é o Filho de Deus, jogue-se daqui para baixo, porque está escrito: "Aos seus anjos ele dará ordens a seu respeito, para que o guardem." E: "Eles o sustentarão nas suas mãos, para que você não tropece em alguma pedra." Jesus respondeu ao diabo: — Também foi dito: "Não ponha à prova o Senhor, seu Deus." (Lucas 4:9-12)

O diabo oferece a Jesus a possibilidade de salvar a si mesmo. Do topo do templo, Jesus teria apenas que se jogar e ordenar aos anjos que o guardassem. Não há dúvidas de que Jesus amou muito a vida; não há romantização possível de sua morte – foi uma punição do império romano por meio de tortura e execução. As páginas do evangelho revelam a tristeza e o medo que tomaram conta do coração de Jesus, mas ele conhecia a cruz muito antes de ir para ela e sabia que não era exclusividade sua. E este é o ponto fundamental: o diabo queria que Jesus utilizasse de seu poder para um espetáculo performático com aplausos no fim.

Imagino que Jesus tenha pensado nas pessoas que não tinham o poder de se proteger ante as injustiças e violências do mundo. Mais uma vez, ele rejeitou a tentação de espetacularizar o seu poder diante de um tema tão sério quanto a luta pela vida. Jesus recusou, de novo, uma saída pessoal sem compromisso coletivo. Tal atitude me remete ao trecho cantado pelo Emicida: "Enquanto a terra não for livre, eu também não sou".[5] E é exatamente isso! Essa frase estava cravada no coração de Jesus e, por isso, ele resistiu às tentações: não transformou pedra em pão, mas fez o milagre da multiplicação de pães e peixes pela ética da partilha; não aceitou ter poder sobre todos os reinos do mundo, mas ficou firme ao lado do povo empobrecido para inaugurar uma nova sociedade sem relações de opressão. Não se jogou do templo para, em seguida, se salvar num espetáculo de autopromoção, mas, fiel ao projeto de Deus, estava disposto a dar sua vida pela causa do Reino, se manteve com o povo. Numa sociedade como a nossa, com base no racismo, a neutralidade e a omissão são tentações que Jesus recusa, assim como o privilégio e o poder que oprime.

5. Leandro Roque de Oliveira, Nave, "Principia", *AmarElo*, Emicida. © 2019, Sony Music, Laboratório Fantasma.

E os evangelhos continuam ricos em exemplos dessa postura de Jesus, do sentido de sua vida.

> Jesus foi para Nazaré, onde havia sido criado. Num sábado, entrou na sinagoga, segundo o seu costume, e levantou-se para ler. Então lhe deram o livro do profeta Isaías. E, abrindo o livro, achou o lugar onde está escrito: "O Espírito do Senhor está sobre mim, porque ele me ungiu para evangelizar os pobres; enviou-me para proclamar libertação aos cativos e restauração da vista aos cegos, para pôr em liberdade os oprimidos, e proclamar o ano aceitável do Senhor." Tendo fechado o livro, Jesus o devolveu ao assistente e sentou-se. Todos na sinagoga tinham os olhos fixos nele. Então Jesus começou a dizer: — **Hoje se cumpriu a Escritura que vocês acabam de ouvir.** (Lucas 4:16-21)

Ao sair do deserto, Jesus voltou para Nazaré, dirigiu-se à sinagoga, abriu o livro do profeta Isaías e, não por acaso, escolheu o trecho acima. Muitas vezes sou questionado quando falo sobre Jesus negro e teologia negra justamente por eu ser um homem negro; muitos me dizem que é uma questão de ponto de vista e de conveniência. Porém, insisto em dizer que este é o eixo estruturante da Bíblia, seu chão histórico: Jesus assume a condição negra como expressão de fidelidade ao projeto de Deus. O próprio evangelho nos oferece um ponto de partida, uma referência inegociável sobre como acolher o sentido da vida de Jesus.

"Evangelizar os pobres" é compartilhar a boa notícia – o evangelho –, que é a vontade de Deus de tirá-los dessa condição. "Proclamar a liberdade aos cativos e oprimidos" é dar fim às relações de opressão para que a vida possa ser celebrada. "Dar vista aos cegos" é promover a cura que restaura a dignidade e a plenitude da vida e denunciar os sistemas de exclusão. Na sociedade em que Jesus vivia, as doenças eram vistas como uma maldição, o que significa que, além de sofrer pelo padecimento físico, a pessoa ainda sofria preconceito e exclusão. Jesus, então, andava com as pessoas "amaldiçoadas" e promovia a cura.

Para entender o significado mais amplo das curas realizadas por ele, é preciso resgatar este contexto: não era um espetáculo de autopromoção, mas a sinalização da chegada do Reino de Deus, isto é, onde o Reino chegava, as pessoas marginalizadas eram inclusas e chamadas a viver em comunhão e com liberdade. Jesus não estava só curando pessoas, mas curando a estrutura social excludente e preconceituosa.

"Anunciar o ano aceitável do Senhor" faz referência ao ano do Jubileu, que na cultura israelista se referia ao tempo do perdão das dívidas e da redistribuição das terras – vale lembrar que, na época de Jesus, o povo camponês estava perdendo terras por dívidas. Dentro da sinagoga, com o Livro Sagrado aberto, ele, mais uma vez, manifesta o sentido de sua vocação, o propósito de sua vida, o objetivo de seu movimento e, especialmente, a vontade de Deus na história humana. Tais ações de libertação são motivadas e possíveis por causa da unção do Espírito de Deus; a espiritualidade do evangelho tem consequência política assim como a prática política é cheia de espiritualidade.

Em outro momento, João Batista, importante profeta da época, fora preso pelo império romano. Da prisão, ele pede aos seus discípulos que perguntem a Jesus se ele era realmente o Cristo esperado. A resposta de Jesus é direta:

> — Você é aquele que estava para vir ou devemos esperar outro? Então Jesus lhes respondeu: — Voltem e anunciem a João o que estão ouvindo e vendo: os cegos veem, os coxos andam, os leprosos são purificados, os surdos ouvem, os mortos são ressuscitados e aos pobres está sendo pregado o evangelho. E bem-aventurado é aquele que não achar em mim motivo de tropeço. (Mateus 11:3-6)

Jesus pede que contem para João Batista tudo o que está acontecendo em favor dos empobrecidos e oprimidos. Há uma dimensão prática que inaugura no presente o futuro proposto por Deus; há também a dimensão da urgência em criar espaços de resistência e anunciação. Jesus está dizendo para João: já está acontecendo, vidas estão sendo restauradas, relações humanas estão sendo reconciliadas, a justiça está sendo instaurada e opressões, quebradas. Esta é a tarefa para os seguidores dele: anunciar no tempo presente as mudanças propostas por Deus como futuro e horizonte para a humanidade.

É preciso ativar em cada um de nós o senso de urgência e responsabilidade, o ímpeto de ser mãos e pés de Jesus no mundo. A luta antirracista brota do evangelho; é uma expressão de obediência à vontade de Deus e absolutamente urgente e necessária em nosso tempo. Antes de ser uma questão política, é uma exigência espiritual do Evangelho de Jesus e fruto do derramar e da unção do Espírito.

O VERDADEIRO AMOR
PODE SER TRADUZIDO
EM UMA POLÍTICA
CONSEQUENTE E CONSCIENTE
QUE DESAFIA OS SISTEMAS
DE OPRESSÃO.

CAPÍTULO 6
A CRUZ E O CRUCIFICADO

Jesus foi vítima do sistema de poder político e religioso, assim como de uma cultura de ódio e fúria. Não morreu de acidente, doença ou velhice, mas teve a vida interrompida pela violência oficial. Foi preso, torturado e executado pelo Estado em nome da ordem e da pacificação social. Não foi dado a ele um lugar de poder e destaque, pelo contrário: foi linchado e silenciado. Essa é a origem do evangelho de acordo com o Novo Testamento. Todos os cristãos seguem um prisioneiro político, recusado pelo sistema religioso, tratado como rebelde e escória, como digno de morte.

As perguntas que brotam do fundo do peito são: como não relacionar o corpo de Cristo a todos os corpos crucificados da história? Como não enxergar o corpo de Cristo em todas as vítimas do poder que oprime?

Como é possível ser comovido pela morte de Cristo e, ao mesmo tempo, ser indiferente à violência praticada contra tantos? Como se construiu uma religiosidade que derrama lágrimas diante da cruz de Cristo, mas oferece silêncio ou sarcasmo perante o genocídio da juventude negra?

Lembro-me do desfile da Estação Primeira de Mangueira em 2020, cujo tema era "Jesus da gente, rosto negro, sangue índio e corpo de mulher". Havia a imagem de um menino negro vestindo um uniforme de escola pública ensanguentado, representando Jesus. Essa imagem escandalizou muitos cristãos, eu a tomei como denúncia e revelação, provocação divina e convite ao arrependimento. É triste pensar que, no entanto, a violência permanentemente operada pelo Estado que leva à execução de muitas crianças, adolescentes e jovens negros das favelas e periferias do Brasil não escandaliza. Uma determinada moral religiosa se ofende com a vinculação de Jesus a esses meninos, como se fosse uma profanação. Mas se Jesus evidenciado pelos evangelhos não está no corpo de uma criança executada, onde ele está?

A cruz me cala e me provoca; suscita espanto e reflexão. Minha fé confessa que Deus entre nós foi morto por um sistema montado justamente em nome dele. Minha fé confessa Cristo como o ser humano que rejeitou os caminhos de acomodação ao poder, de indiferença diante do sofrimento humano, de tentativa de controle sobre o sagrado. Minha fé, que não é só minha, que respira a partir de tradição e ancestralidade, enxerga na cruz a recusa de Jesus ao poder que oprime. Sacrificar o outro como forma de oferta a Deus não é uma opção; dar-se em prol do outro como forma de recusar o poder que tira a vida é o caminho do nazareno. Minha pele e a experiência do meu povo no Brasil enxergam no corpo crucificado de Jesus uma solidariedade profunda com o povo negro por séculos escravizado em nome de uma colonização racista e institucionalmente cristã. Pesa o coração ver um cristianismo amigo da cruz e inimigo do Crucificado.

A cruz, por si só, era um instrumento de tortura aplicado pelo império romano contra rebeldes. Não é *essa* cruz que me atrai, mas o Crucificado, Jesus, como o registro de Deus na história, a revelação de seu lugar entre nós e de seu compromisso mais profundo com a humanidade e com os oprimidos. Quando imagino seu corpo, concordo com a Estação Primeira de Mangueira e creio que aquele desfile compactua com o testemunho dos evangelhos: Jesus tem rosto negro, sangue índio e corpo de mulher. Não há escândalo, mas revelação e coerência! Toda nomeação dada a Jesus está limitada pelo tempo, cultura e contextualização histórica. Ao percebermos Jesus como a expressão de Deus, e como o próprio Deus, podemos concluir que ele supera as demarcações do tempo e da linguagem humana. Assim, identificá-lo com um povo específico, um grupo racializado, seria um reducionismo, uma limitação desse sagrado que a tudo ultrapassa.

Então, a questão é saber que o critério assumido pelo Eterno quando visitou o tempo foi se revelar no e por meio do Crucificado. A legitimidade de uma nomeação dada a Jesus parte da capacidade de identificar e acolher o movimento de Deus, de sempre colocá-lo ao lado dos marginalizados em favor de sua libertação. A cruz definitivamente expõe o Crucificado, então não temos o direito de associar Jesus aos sistemas opressores nem a uma religiosidade que se pretende neutra diante da barbárie.

Quero destacar alguns momentos desta trajetória da cruz para que possamos nos aprofundar:

> Em seguida, Jesus foi com eles a um lugar chamado Getsêmani. E disse aos discípulos: — Sentem-se aqui, enquanto eu vou ali orar. E, levando consigo Pedro e os dois filhos de Zebedeu, começou a sentir-se tomado de tristeza e de angústia. Então lhes disse: — A minha alma está profundamente triste até a morte; fiquem aqui e vigiem comigo. E, adiantando-se um pouco, prostrou-se sobre o seu rosto, orando e dizendo: — Meu Pai, se é possível, que passe de mim este cálice! Contudo, não seja como eu quero, e sim como tu queres.
> (Mateus 26:36-39)

JESUS NEGRO É
UMA EXPRESSÃO COERENTE,
POTENTE, ENRAIZADA NO
CHÃO DO POVO,
ANCORADA EM NAZARÉ,
REVELADORA DA CRUZ E
DO CRUCIFICADO.

Ao perceber a proximidade do império romano, Jesus soube que o momento de maior vulnerabilidade de seu projeto, a cruz, com toda sua violência, estava logo ali. Jesus sofreu, se sentiu sozinho e, com medo, precisou de refúgio, socorro, consolo e amizade; foi para o monte orar e chamou amigos. Ele precisou do colo de Deus e de pessoas ao seu redor; precisou expressar angústia, dor e medo. Aquele momento no Getsêmani é de profunda humanidade, reconhecimento da própria vulnerabilidade e de se dar o direito à fraqueza.

A escritora estadunidense bell hooks fez belíssimas e necessárias reflexões sobre como a violência do racismo, historicamente, tirou do povo negro a possibilidade de olhar para dentro, de acolher a própria dor, desenvolver autocuidado e cultivar relações de amor. O racismo é uma violência que exige do povo negro a força para sobreviver, resistir e vencer. Diante da escravização, do sequestro de filhos, da separação de famílias, da violência física, da brutalidade da tortura, da morte, há espaço para cuidar de si, dar nome à própria dor e desenvolver relações duradouras? Quais são os efeitos dessa violência sobre as emoções do povo negro até hoje?

bell hooks compartilha registros impressionantes no texto "Vivendo de amor". Ela cita, por exemplo, o caso de Frederick Douglas, um homem que se assusta ante a própria incapacidade de se sensibilizar com a morte de sua mãe por ter sido impedido de conviver com ela. Repare na dureza desse relato: a violência da escravidão separou mãe e filho, impediu a convivência, produziu insensibilidade, provocou dor e secou lágrimas ao mesmo tempo. hooks também identifica que a repressão de emoções é – e continua sendo –, para o povo negro, uma estratégia de sobrevivência, pois era comum que, ao apanhar, o escravizado não tivesse o direito de expressar dor ou derramar lágrimas sob a ameaça de uma nova surra. Qual é o efeito de séculos de repressão de emoções e sentimentos sobre um povo? Jesus precisou do Monte das Oliveiras, correu para um cantinho para poder chorar livremente diante de Deus e dos amigos; ele pediu ajuda.

Vivemos numa sociedade individualista, competitiva e meritocrática em que pedir ajuda é um demérito, sinal de fraqueza e incompetência, principalmente para as pessoas negras, tidas como "mais fortes", "resistentes", "capazes de suportar tudo", "resistentes à dor". É como se a vida fosse uma eterna entrevista de emprego, em que é preciso maximizar as virtudes e minimizar ou esconder os defeitos. Sofremos de uma estranha sensação de solidão e desespero; um sentimento de que, no fundo, não podemos contar com ninguém e que, uma vez que nossas fraquezas forem expostas, seremos certamente cancelados. É importante na vida ter colegas, relações saudáveis que nos façam bem, que sejam mediadas por entretenimento e afinidades. Contudo, é ainda mais importante ter amigos com os quais se possa construir um espaço mais profundo, onde caibam também lágrimas, desabafos, inseguranças e vulnerabilidades. Muitas relações, no entanto, caem no vazio da superficialidade.

O Getsêmani foi esse lugar quando Jesus teve a coragem de admitir suas fraquezas e pedir ajuda aos seus amigos. Pedir ajuda não é demérito, mas sinal de sabedoria; é aumentar o próprio poder, se fortalecer. É preciso desenvolver consigo uma relação de autocuidado, estar em ambientes seguros e confiáveis para que as lágrimas possam ser compartilhadas e as dores possam ser nomeadas, e isso é mais importante ainda para as pessoas negras.

Nosso povo precisou ser forte para resistir à escravidão e continua sendo para enfrentar as marcas do racismo. Muitas vezes o que registramos é a necessidade da força, e assim somos avaliados e "elogiados", como se a não demonstração de "fraqueza" fosse um ponto forte, presente, principalmente no povo negro, e, como o racismo gera desconfiança, suspeita e hostilidade, pessoas negras precisam provar o tempo inteiro sua capacidade, suas habilidades, que são confiáveis. A cobrança é sempre maior. Temos direito ao Getsêmani? Não me refiro a uma exaltação da tristeza, mas ao direito de chorar. bell hooks, no texto "Vivendo de amor", afirma:

Como o racismo e a supremacia dos brancos não foram eliminados com a abolição da escravatura, os negros tiveram que manter certas barreiras emocionais. E, de uma maneira geral, muitos negros passaram a acreditar que a capacidade de se conter emoções era uma característica positiva. No decorrer dos anos, a habilidade de esconder e mascarar os sentimentos passou a ser considerada como sinal de personalidade forte. Mostrar os sentimentos era uma bobagem.[6]

Ela faz referência a um trecho do livro *Sula*, de Toni Morrison, em que Hannah, uma mulher negra, pergunta à mãe, Eva, se em algum momento ela havia amado os filhos. Eva responde com firmeza: "Como você tem coragem de me fazer essa pergunta? Você não está aí cheia de saúde? Não consegue enxergar?". Hannah não fica satisfeita. Ela reconhece o esforço da mãe para garantir aos filhos segurança material, contudo, requeria uma demanda de carinho e escuta profunda. Hannah então pergunta: "Em algum momento você brincou com a gente?". Eva responde: "Brincar? Ninguém brincava em 1895. Em 1895 não era nada fácil. Era muito duro. Os negros morriam como moscas. Você acha que eu ia ficar brincando com crianças? O que iam pensar de mim?".

---

6. bell hooks, "Vivendo de amor", *Portal Geledés* (trad. Maísa Mendonça, 2010). Disponível em: <https://www.geledes.org.br/vivendo-de-amor>; acesso em: 25 fev. 2023.

Aqui, a leitura dessa história não se trata de fazer um julgamento moral de Eva, pois ela, provavelmente, só deu aos filhos aquilo que recebeu, ela mesma, enquanto filha. Naquele contexto, numa sociedade em que "negros morriam como moscas", o amor estava relacionado à garantia de sobrevivência. Contudo, Hannah, enquanto ser humano, para além de ser uma pessoa negra, se referia à fome de cuidado, afeto, escuta, sensibilidade, brincadeira, dimensões importantes, constitutivas e complementares da vida humana. Sem alimento, o corpo padece e morre; a fome é uma brutalidade desesperadora, fruto de um mundo injusto e desigual. O racismo desprotege o corpo negro.

Enquanto escrevo estas palavras, diversas operações policiais estão ocorrendo no Rio de Janeiro, e as notícias de mortes, especialmente de jovens negros, são incessantes. Jovens executados, mães inconsoláveis, casas invadidas por forças policiais, medo descontrolado. Sem dúvida, lutar pela sobrevivência dos filhos já é um ato de amor, mas o ser humano é feito para muito mais que isso. Vejo na Maria, minha filha de 4 anos, a necessidade que ela tem de comer (obviamente) e de brincar. Frases que ouço dela frequentemente são: "Estou com fome" e "Vamos brincar, papai". Não somos máquinas que precisam funcionar perfeitamente o tempo inteiro e que, quando falham ou quebram, podem ser facilmente descartadas ou substituídas. Somos pessoas de carne, osso, sangue, suor, memórias, história, lágrimas e gargalhadas. Precisamos lutar, precisamos amar!

Lembro-me de um trecho comovente do evangelho.

> E junto à cruz estavam a mãe de Jesus, a irmã dela, Maria, mulher de Clopas, e Maria Madalena. Vendo Jesus a sua mãe e junto dela o discípulo amado, disse: — **Mulher, eis aí o seu filho**. Depois, disse ao discípulo: — **Eis aí a sua mãe**. Dessa hora em diante, o discípulo a tomou para casa. (João 19:25-27)

Jesus estava na cruz sob tortura, vivendo os últimos momentos de sua vida e, perto dele, algumas pessoas choravam sua morte. Ele viu sua mãe e um discípulo muito querido, um amigo; diante disso, teve um gesto de profundo cuidado, pois o que estava dizendo era que cuidassem um do outro. Jesus sempre viu a necessidade da luta, mas jamais renunciou à dimensão do cuidado, do afeto, do olhar para dentro e o gesto de pedir ajuda e de olhar para o lado.

A luta contra a escravidão e o racismo exigem estratégias de força para sobreviver. Entretanto, o desenvolvimento de laços de cuidado e amizade é muito importante para que possamos acolher nossas lágrimas, dar nome às nossas dores, segurar as mãos uns dos outros e fortalecer nossos passos.

A BRANQUITUDE COMO
PROJETO DE SOCIEDADE
DE SUPREMACIA BRANCA
BUSCA NEUTRALIZAR
A FORÇA CONTESTATÓRIA
DAS ESCRITURAS.

Mas quero voltar ainda mais os olhos para o relato da crucificação:

> Então Pilatos saiu para falar com eles e perguntou: — Que acusação vocês trazem contra este homem? Eles responderam: — Se este não fosse malfeitor, não o teríamos entregue ao senhor. (João 18: 29-30)

Afinal de contas, parece que Jesus já estava condenado. A pergunta de Pilatos parece não ter uma resposta objetiva, apenas reafirmava que Jesus seria um criminoso. A cruz sempre foi um destino possível, e até mesmo provável, para Jesus, e isso tem a ver com seu território, seu corpo e suas opções de vida. O corpo negro no Brasil é suspeito e culpado até que se prove o contrário. No Brasil, existe a criminalização da pobreza por um lado e a seletividade penal racista por outro. Constrói-se um imaginário coletivo a respeito do negro, e esse imaginário se expressa na atuação do Estado, especialmente no sistema penal, punitivo e policial.

O racismo não se perpetua apenas em estratégias de encarceramento e letalidade, são necessárias construções narrativas que estigmatizem o povo negro com o carimbo da periculosidade. A cruz está sempre preparada para os corpos lidos como perigosos.

Assim morreu Jesus: como um homem rebelde que causava desajuste social e que por isso "merecia" ser condenado à execução pelo Estado. Chama a atenção o silêncio de Jesus em vários momentos durante o julgamento e a condenação. Um silêncio repleto de sentido e conteúdo, um silêncio que carrega um grito de protesto e de recusa, rejeição completa ao sistema poderoso, idolátrico, de exploração, violência e morte. Assim, Deus, na pessoa de Jesus, recusa toda relação opressora e assume para si o grito dos oprimidos de todas as épocas da história.

Perceba o movimento de Deus na pessoa de Jesus, especialmente na sua entrega na cruz. Afinal, onde estava Deus durante a escravização do povo negro? A cruz me permite dizer que ele estava sendo escravizado. Deus estava na lágrima de uma mãe preta separada de seu filho, estava nas costas sangrentas do homem preto que apanhava de um senhor escravocrata. É triste reconhecer que, provavelmente, na parede da casa-grande tinha uma cruz e, sobre alguma mesa, uma Bíblia aberta. É desolador perceber a participação central de um cristianismo institucional e hegemônico na colonização racista, escravocrata e patriarcal. É triste quando nos damos conta de que ainda existe um cristianismo que silencia o protesto do povo negro, finge não existir racismo, persegue manifestações culturais e religiosas derivadas direta ou indiretamente do continente africano. É estarrecedor identificar um cristianismo que crucifica em lugar de se comprometer com o Crucificado. Um cristianismo que mataria Jesus Cristo usando o nome dele como justificativa.

Diante da cruz e do Crucificado, é preciso discernir o corpo de Deus no mundo, sua entrega, seu sacrifício, seu grito contra tudo que mata. É urgente reconhecer o corpo de Cristo nos crucificados da história. Sem esse reconhecimento não há como existir coerência com o Evangelho de Jesus e a mensagem da cruz. Conversão, arrependimento e reparação não acontecem no pacto do silêncio, do esquecimento e no mero fluxo do "daqui para a frente vai ser tudo diferente". Para refletir sobre isso, me vem a história de Zaqueu relatada no Evangelho de Lucas:

> Entrando em Jericó, Jesus atravessava a cidade. Eis que um homem rico, chamado Zaqueu, chefe dos publicanos, procurava ver quem era Jesus, mas não podia, por causa da multidão, por ser ele de pequena estatura. Então, correndo adiante, subiu num sicômoro a fim de ver Jesus, porque ele havia de passar por ali. Quando Jesus chegou àquele lugar, olhando para cima, disse: — **Zaqueu, desça depressa, porque hoje preciso ficar na sua casa.** Zaqueu desceu depressa e o recebeu com alegria. Todos os que viram isto murmuravam, dizendo que Jesus tinha se hospedado com um homem pecador. Zaqueu, por sua vez, se levantou e disse ao Senhor: — Senhor, vou dar a metade dos meus bens aos pobres. E, se extorqui alguma

coisa de alguém, vou restituir quatro vezes mais. Então Jesus lhe disse: — Hoje houve salvação nesta casa, pois também este é filho de Abraão. (Lucas 19:1-9)

Ouvi uma linda pregação do pastor Ras André Guimarães a respeito desse texto. Ele chamou atenção para os mecanismos de reparação que essa história indica. Zaqueu era um homem rico, coletor de impostos no império romano. A carga tributária era pesada e, além disso, existia a prática da cobrança excessiva por parte dos publicanos. Na passagem bíblica, podemos ver a conversão, o arrependimento e a reparação de Zaqueu para aqueles que prejudicou.

Com quase quatro séculos de escravidão sobre o povo negro, houve uma abolição que, na verdade, procurava preservar os interesses dos escravocratas, assim como a ausência de uma política indenizatória, reparadora e de inclusão social do povo escravizado e a manutenção de políticas abertamente racistas que, até hoje, geram desvantagens para o povo negro. Não há outra saída: é preciso enfrentar o racismo, construir políticas, ações e narrativas de reparação efetiva. A mesma lógica se aplica às igrejas cristãs.

O silêncio não é neutro, ele significa a reprodução do racismo na leitura e na interpretação da Bíblia, na liturgia, na organização da igreja, na representatividade em cargos de direção, na estética padrão e nas imagens

OPRESSÃO É AQUILO QUE ANIQUILA O POTENCIAL E A PLENITUDE DA VIDA.

referentes à Bíblia, assim como na relação com as religiões de matriz africana. É preciso resgatar a leitura popular, comunitária e contextualizada da Bíblia. É necessário colocar os textos bíblicos no chão da história e identificar os conflitos sociais e raciais nas escrituras. É imprescindível perceber a centralidade do Êxodo na memória bíblica e o compromisso de Deus com a libertação de um povo escravizado. É central resgatar a tradição dos profetas, denunciar a violência contra os pobres e os estrangeiros e alertar que Deus não aceita um culto marcado pelas mãos das quais escorre o sangue da opressão. É preciso contar dentro das igrejas em pregações, palestras, congressos, cursos, aulas o quanto o cristianismo institucional esteve ligado ao processo de colonização e escravização do povo negro e alertar para as consequências que ainda hoje se manifestam. Faz-se necessário abordar a temática étnica e racial nos seminários, nos cursos de Teologia e na formação de lideranças pastorais, assim como é urgente aumentar a representatividade negra na pregação, na liturgia e na condução da igreja para que ela seja uma presença comprometida com a pauta antirracista.

Há também de se denunciar toda violência praticada, no passado e no presente, contra as religiões de matriz africana. A igreja precisa se abrir para o diálogo inter-religioso e para a luta contra o racismo religioso. Parte dessa tarefa histórica é anunciar a negritude de

Jesus como expressão coerente com o sentido mais profundo, universal e eterno do evangelho. A conversão não pode ser superficial, e o arrependimento não pode ser apenas uma comoção momentânea – é preciso a concreta reparação, como nos ensinou Zaqueu.

CAPÍTULO 7
A RESSURREIÇÃO

O final do evangelho não é a cruz, mas a ressurreição. Não há ignorância diante da maldade humana, afinal Jesus foi preso, torturado e executado. Existe, contudo, uma insistência radical na vida. É *vida* a palavra que se sobrepõe à morte, abre as janelas do futuro e enche a história de consciência e esperança. A ressurreição de Jesus significa Deus dando razão ao Crucificado e denunciando o sistema da cruz.

> Ao cair da tarde daquele dia, o primeiro da semana, estando trancadas as portas da casa onde estavam os discípulos, com medo dos judeus, Jesus veio e se pôs no meio deles, dizendo: — Que a paz esteja com vocês! E, dizendo isso, lhes mostrou as mãos e o lado. Então os discípulos se alegraram ao ver o Senhor. E Jesus lhes disse outra vez: — Que a paz

esteja com vocês! Assim como o Pai me enviou, eu também envio vocês. E, havendo dito isso, soprou sobre eles e disse-lhes: — Recebam o Espírito Santo. (João 20:19-22)

Imaginem o poder rebelde, insubmisso e revolucionário da ressurreição dele. Pessoas sem qualquer poder ou influência testemunharam e espalharam a notícia de que Jesus havia ressuscitado, venceu a morte, apareceu para elas e disse que não desistissem e seguissem adiante. Há, sem dúvida, uma desautorização do poder do Estado, do sistema-mundo, das lógicas que, em nome de Deus, sacrificam vidas. Há uma revolução política, espiritual e cósmica: o frágil Jesus de Nazaré se entregou por profundo e incondicional amor, tomou sobre si nossas injustiças e as de toda história do mundo e este Jesus venceu a morte!

A cruz não foi capaz de prevalecer sobre a rebeldia do amor. A ressurreição de Jesus é a manifestação da sua glória e de seu poder, ainda que seu corpo carregue as marcas da crucificação.

Os discípulos estavam de portas fechadas e com medo. Era um momento difícil: Jesus havia sido executado, então o que poderia acontecer com seus seguidores? Havia o sentimento de fragilidade e de impotência diante do sistema que matou o Mestre. E, muitas vezes, é exatamente este o sentimento do povo pobre e negro. As estruturas de poder machucam e maltratam.

NÃO HÁ GLÓRIA SEM SERVIÇO
OU PODER SEM AMOR.
O CRISTO GLORIOSO E ETERNO
É O JESUS DE NAZARÉ
QUE PAUTOU SUA VIDA
NO COMPROMISSO
COM OS OPRIMIDOS
E POR ISSO
FOI CRUCIFICADO.

Há o cansaço da luta, um sentimento de impotência e de que nosso esforço é em vão, de que o corpo negro continua sendo alvo de uma política de apagamento e extermínio; há o medo de que nossos filhos e netos não possam viver num país livre do racismo.

O medo pode cumprir funções importantes e imediatas na nossa vida e no nosso organismo, serve de alerta e pode nos ajudar em reflexões rápidas. Entretanto, ele não é um bom conselheiro para nos ajudar a pensar o futuro e construir saídas para um mundo melhor. O medo sequestra nossos sonhos, pode nos levar ao desespero e o desespero, à desesperança. Uma sociedade sem esperança tende ao caos e costuma produzir respostas fáceis para problemas complexos.

A ressurreição de Jesus é a prova de que o amor vence a morte como destino histórico. Ele se põe no meio dos discípulos e diz: "Paz seja com vocês". Sua presença tem como efeito livrar o coração daqueles que o seguem do medo paralisante e do desespero que gera desesperança. Há uma quietude possível em meio ao caos. A presença do Jesus ressurreto é um sinal de que a vida sempre vence e de que nosso destino está no Deus que não abandona o povo oprimido.

Não se trata de uma paz alienada e alienante, mas inquieta e consciente dos dramas e dos desafios do mundo. É uma paz que vislumbra a glória, mas sabe o peso da cruz; que grita contra a injustiça, chora diante das crucificações e que impulsiona ações de mudança da realidade. É a paz de sentir a presença de Deus no meio de nossa caminhada e de saber que nossas lágrimas não são em vão.

Ao proclamar a paz, Jesus sopra sobre seus discípulos o seu Espírito: é hora de abrir as portas, enfrentar as contradições e os riscos e caminhar na força, no consolo e na capacitação do Espírito Santo, essa presença que anima a luta, enxuga as lágrimas, traduz nossas angústias para Deus, nos guia no caminho da verdade e do amor, interpreta nosso coração para o universo. O Espírito Santo é o testemunho da presença de Jesus que abre as janelas do futuro. Não se trata de uma força impiedosa, impessoal e fria, mas da manifestação da presença amorosa de Deus acompanhando os oprimidos, renovando forças, abrindo olhos, erguendo cabeças, anunciando o futuro, capacitando e dando força para não desistir. O amor encarnado aquieta e encoraja o coração dos discípulos.

> No amor não existe medo; pelo contrário, o perfeito amor lança fora o medo. Porque o medo envolve castigo, e quem teme não é aperfeiçoado no amor. (1 João 4:18)

O amor, no entanto, não é um sentimento vazio, meramente emocional ou circunscrito aos afetos de um casal. O amor é ético, político, histórico e concreto, é a ponte de conexão que sacraliza todas as vidas, é a base para a compaixão, a consciência crítica e as ações de mudança. O verdadeiro amor traz impulsos profundos e éticos que podem gerar um projeto anticapitalista e antirracista de sociedade. A luta do povo negro, ao longo da história da colonização até os dias de hoje, é um ato de amor e uma manifestação do agir de Deus na história.

O amor de Deus estava na cruz, agonizando, sangrando e chorando, mas também estava presente como um milagre da história e uma manifestação de que Deus não desistiu de nós quando Jesus rompeu o sepulcro. Compartilho um dos meus textos preferidos da Bíblia:

> Porque eu estou bem certo de que nem a morte, nem a vida, nem os anjos, nem os principados, nem as coisas do presente, nem do porvir, nem os poderes, nem a altura, nem a profundidade, nem qualquer outra criatura poderá nos separar do amor de Deus, que está em Cristo Jesus, nosso Senhor. (Romanos 8:38-39)

O apóstolo Paulo está dizendo que nenhuma força humana ou sobrenatural pode nos separar do amor de Deus presente em Jesus. O homem pobre de Nazaré, parte de um povo oprimido, guarda em seu corpo, em seus gestos, em sua entrega na cruz e na ressurreição o amor que Deus tem por sua criação. Diante desses textos sinto

A RESSURREIÇÃO DE JESUS
É A INSUBMISSÃO DO AMOR
DESAFIANDO AS ESTRUTURAS
IDOLÁTRICAS DO ÓDIO.

que posso ter um respiro de paz e de esperança porque Jesus ressuscitou, está presente em minha vida e no meio dos oprimidos; o amor de Deus não falhou e nem vai falhar, nem a morte pode nos separar desse amor. A palavra que surge forte no peito é *esperança*.

A esperança não é um complemento ao evangelho ou uma de suas características. A esperança é traço constitutivo, visceral e absolutamente central. Sem esperança não é o Evangelho de Jesus. Não se trata de um otimismo ingênuo, mas da certeza na fé de que a história não será definida e findada pelos sistemas de poder e de que Deus se revela justamente nas periferias para abrir as portas do futuro.

Também não se trata de uma esperança sem movimento e ação, pois, se assim fosse, seria apenas uma distração. Jesus ressurreto sempre chama os discípulos à ação. É esperança do verbo *esperançar*: fazer a esperança acontecer, como nos ensina Paulo Freire.[7]

> É preciso ter esperança, mas ter esperança do verbo esperançar; porque tem gente que tem esperança do verbo esperar. E esperança do verbo esperar não é esperança, é espera. Esperançar é se levantar, esperançar é ir atrás, esperançar é construir, esperançar é não desistir! Esperançar é levar adiante, esperançar é juntar-se com outros para fazer de outro modo...

---

7. Paulo Freire, *Pedagogia da esperança* (Rio de Janeiro, Paz e Terra, 2020).

Se nós – como povo negro – estamos vivos e sobrevivemos ao terror da escravidão, é porque nossos antepassados lutaram em condições absolutamente adversas sem o privilégio do otimismo, mas com base nessa força materializada em ações coletivas que se chama esperança. A esperança nos trouxe até aqui e continuará rebelde nos levando adiante.

Identificar Jesus como negro torna o amor profundo, a paz urgente e a esperança uma realidade. Num contexto histórico racista e de supremacia branca, a negritude de Jesus mantém o evangelho com os pés no chão e as asas no céu. Trata-se de uma espiritualidade encarnada, engajada, politizada e com vocação à eternidade. Remonta à cruz, compromete-se com o Crucificado, atrela glória ao serviço, anuncia a radicalidade do amor, recusa os sistemas de morte, mantém-se ao lado dos oprimidos, chama para ações de reparação, abre as janelas do futuro e faz a esperança acontecer. Viva Jesus! Mas é importante situá-lo e dizer: Viva o Jesus de Nazaré! Viva o Jesus negro!

CAPÍTULO 8
MUITO ALÉM DA SOBREVIVÊNCIA

Gostaria de começar com um trecho do evangelho e um da canção "AmarElo", de Emicida. Qual é a conexão entre os dois?

> Mas agora vou para junto de ti e isto falo no mundo para que eles tenham a minha alegria completa em si mesmos. (João 17:13)

> Permita que eu fale, não as minhas cicatrizes / Se isso é sobre vivência, me resumir à sobrevivência / É roubar um pouco de bom que vivi / Por fim, permita que eu fale, não as minhas cicatrizes / Achar que essas mazelas me definem é o pior dos crimes / É dar o troféu pro nosso algoz e fazer nóiz sumir.[8]

8. Leandro Roque de Oliveira, Felipe Vassão, DJ Juh, "AmarElo", *AmarElo*, Emicida. © 2019, Sony Music, Laboratório Fantasma.

A fala de Jesus está inserida no contexto da linda oração sacerdotal que fez por seus discípulos de todas as épocas históricas. Jesus pede benção, proteção, direção e comunhão para seu povo. Em determinado momento, segundo registro do Evangelho de João, sabendo que estava prestes a morrer, Jesus diz ao Pai que fazia esses pedidos enquanto ainda estava no mundo. Há um tom de saudade, de despedida, e Jesus sabe que está voltando para o Pai. É como se ele dissesse: "Olha, Deus, estou te pedindo essas coisas como quem sabe que o lance aqui é muito maravilhoso e doido. O que nós enfrentamos por aqui não é fácil, hein?". Há a solidariedade total com a condição humana não por mediação, mas por experiência. E, nesse momento delicado de sua vida, ameaçado de morte e perseguido pelo Estado, ele afirma que seu coração experimentou profunda alegria. Jesus se amarrou em viver! Foi através de Jesus que Deus, de pés descalços, experimentou a beleza e a dor da vida.

Esta é a conexão que faço com a letra do rapper Emicida. Nós temos uma história anterior e maior do que a violência imposta a nós, não podemos ser reduzidos à dimensão da resistência, da escravidão e ao racismo. Tanto por recorte temporal – a história do nosso povo não começa na colonização –, quanto porque, mesmo resistindo à escravidão e ao racismo, produzimos e construímos para muito além da dor. Nas ciências, na cultura, na pesquisa, no esporte, na arte e em tantas dimensões da história do Brasil, demos – e ainda damos – nossas contribuições, afirmamos nossas potências e extraímos beleza e alegria da vida. A história de luta e de resistência precisa, sem dúvida alguma, ser contada, mas com o cuidado de não resumir o povo negro ao sofrimento. A vida é dura, mas tem beleza, e é por ela que lutamos! Se é sobre vivência, então é também sobre potência, possibilidades, contribuições e alegria. Vejo na oração de Jesus uma conexão com nossos corpos.

Como vimos, o evangelho não pode ser compreendido sem a realidade da cruz e da ressurreição, ambas se comunicam profundamente com a experiência de luta e de esperança do povo negro diante da violência do racismo. É a partir do chão de Nazaré que se interpreta adequadamente a vida de Jesus, sendo possível descobrir seus sinais na história.

Lucas 24:13-35 diz que dois discípulos voltavam de Jerusalém para uma aldeia chamada Emaús. Eles caminhavam com profunda tristeza, pois Jesus tinha sido morto três dias antes. Voltavam para casa com medo, saudade e desesperança. Depois de tudo que haviam vivido com ele, a esperança de ver o povo livre da opressão romana estava nebulosa e agitada no coração. Parecia que tudo tinha acabado em frente à cruz.

> Enquanto conversavam e discutiam, o próprio Jesus se aproximou e ia com eles. Porém os olhos deles estavam como que impedidos de o reconhecer. (Lucas 24:15-16)

Esse trecho me toca profundamente, pois parece refletir algo que acontece em minha vida. Diante da tristeza, do sentimento de fragilidade e da impotência gerados pelo racismo estrutural, pela cruz que insiste em sacrificar nosso povo, parece que a fé é uma mera ilusão, um mecanismo de distração e de fantasia, um autoengano. A vontade é de fazer o caminho de volta, arrumar a mala, guardar e esquecer os sonhos, simplesmente desistir da dimensão coletiva e esperançosa da vida. A cruz parece prevalecer sempre.

Existe uma relação entre medo, desespero e desesperança, e é justamente aí que desistimos da luta, renunciamos ao futuro e não reconhecemos a presença de Jesus ao nosso lado, como aconteceu com os discípulos de Emaús. O texto diz que Jesus conversou com eles e até perguntou sobre o que discutiam enquanto caminhavam. A resposta que deram revela o tamanho da tristeza, da frustração e do sentimento de impotência.

> Um, porém, chamado Cleopas, respondeu: — Será que você é o único que esteve em Jerusalém e não sabe o que aconteceu lá, nestes últimos dias? Ele lhes perguntou: — Do que se trata? Eles explicaram: — Aquilo que aconteceu com Jesus,

o Nazareno, que era profeta, poderoso em obras e palavras, diante de Deus e de todo o povo, e como os principais sacerdotes e as nossas autoridades o entregaram para ser condenado à morte e o crucificaram. Nós esperávamos que fosse ele quem havia de redimir Israel. Mas, depois de tudo isto, já estamos no terceiro dia desde que essas coisas aconteceram.
(Lucas 24:18-21)

Chama a atenção que os discípulos apontam que foram os chefes dos sacerdotes e as autoridades que mataram Jesus – em outras palavras, o nazareno foi vítima do poder instituído, da ordem política e religiosa. Tal constatação não é um mero detalhe; aqui se encontra mais uma conexão profunda do corpo de Jesus com o corpo negro na história do nosso país.

O racismo não pode ser julgado apenas como um comportamento individual, uma questão moral ou de irracionalidade, como já dito. Também não se pode acreditar que é possível superá-lo somente por meio de punições penais. A nossa sociedade tem sido historicamente construída com bases racistas. É o sistema (chefes dos sacerdotes e autoridades) que leva à violência cotidiana, regular, permanente e funcional contra o povo negro. Desde a época de Cristo, é o sistema de julgamento, contenção e extermínio que impõe as marcas da periculosidade a determinados corpos. Épocas diferentes, lógicas semelhantes.

NÃO CONSIGO IMAGINAR
A POSSIBILIDADE DE ALGUÉM
SER FIEL AO EVANGELHO
SEM SE POSICIONAR
FIRMEMENTE CONTRA
O RACISMO NO BRASIL E
NO MUNDO.

O conceito de raça foi ativado para hierarquizar os povos e julgá-los a partir da sociedade branca e europeia. Os Estados modernos em sua origem, estrutura, forma de funcionamento e objetivos carregam uma administração dos conflitos sociais de maneira a garantir a reprodução de sistemas de controle e a manutenção de uma ordem estruturalmente racista. Ou seja, as diversas formas de estigmatizar e violentar um povo não se dão fora da margem do Estado, mas dentro e através dele.

Câmaras de gás, paredes de fuzilamento, campos de concentração e de extermínio, regimes de segregação racial, operações policiais que vitimizam povos e territórios são registros de uma normalidade ocidental moderna. Obviamente, em cada sociedade e época histórica o racismo ganha uma configuração específica, assim como é óbvio que a sociedade em que Jesus viveu tinha outra lógica de funcionamento e outros conflitos étnicos e raciais. Contudo, é possível identificar que ele foi vítima da autoridade que o crucificou em um rito de normalidade, que seu corpo foi permanentemente vigiado e ameaçado e que a cruz sempre esteve no horizonte de sua vida. Aquele modelo definiu o corpo de Jesus como matável antes de matá-lo, tal como a dinâmica racista faz com o corpo negro no Brasil sob o signo da normalidade com respaldo e ação do Estado.

Creio que o mesmo Jesus que apareceu para aqueles discípulos e caminhou com eles também está presente em nosso tempo e conosco. Se, por um lado, o sistema de poder da cruz se atualiza, por outro, a ressurreição também se apresenta como realidade que consola, fortalece, amplia a visão histórica e acende a chama da esperança. Ainda conversando com os homens, Jesus diz:

> Então ele lhes disse: — Como vocês são insensatos e demoram para crer em tudo o que os profetas disseram! Não é verdade que o Cristo tinha de sofrer e entrar na sua glória? E, começando por Moisés e todos os Profetas, explicou-lhes o que constava a respeito dele em todas as Escrituras. (Lucas 24:25-27)

Jesus olha para além da dureza do imediatismo dos acontecimentos e da força daqueles que impuseram sua morte. Jesus resgata a memória dos profetas para elucidar o tempo presente e gerar esperança com relação ao futuro. Jesus interpreta a cruz pelo prisma da profecia e continua vendo o agir de Deus na história.

Não há ilusão, pois se reconhece o peso da cruz. Mas não há também desespero, desesperança e desistência, pois a história dos antepassados é contada como fonte de sabedoria, prudência, calma e motivação para seguir em frente. Ao citar Moisés e outros profetas, é como se ele estivesse dizendo: "Deus nunca nos abandonou, tem agido na história, levantado pessoas, revelado sua vontade e, mesmo para além do nosso entendimento, está agindo agora nesse contexto de cruz".

Jesus oferece um olhar além do furacão, retoma uma história, lembra do agir de Deus e ajuda a interpretar o presente para não renunciar o futuro. Há o resgate da ancestralidade como forma de lidar com a vida e de lutar por ela. A ancestralidade não é algo fixado no passado, mas uma força que se manifesta no presente e num horizonte de futuro. É memória, presença e esperança; passado, presente e futuro. A cruz não é fim, o desespero não é o lugar para fixar os pés, o caminho é longo e a vida segue e convida.

Percebo a presença de Jesus no caminho de nossa vida, lembrando-nos da força de nossa ancestralidade, de nossa história de resistência e de profundas contribuições com a humanidade. Assim voltamos a respirar, nosso coração se aquece, e nossa energia vital retorna.

> Quando se aproximavam da aldeia para onde iam, ele fez menção de passar adiante. Mas eles o convenceram a ficar, dizendo: — Fique conosco, porque é tarde, e o dia já está chegando ao fim. E entrou para ficar com eles. E aconteceu que, quando estavam à mesa, ele pegou o pão e o abençoou; depois, partiu o pão e o deu a eles. Então os olhos deles se abriram, e eles reconheceram Jesus; mas ele desapareceu da presença deles. E disseram um ao outro: — Não é verdade que o coração nos ardia no peito, quando ele nos falava pelo caminho, quando nos explicava as Escrituras? (Lucas 24:28-32)

Belíssimo esse desfecho! Os discípulos chamaram aquele homem para repousar em sua casa, sem saber que era Jesus ali. Foi no sinal de doação que a presença dele foi reconhecida. Imagino que os discípulos, então, puderam se recordar de quantas vezes haviam visto Jesus partilhar o pão, fazer a roda da comunhão, apostar na compaixão, na distribuição do alimento, na circularidade e na inclusão, no dar-se para que os outros tenham, na glória que é poder servir e compartilhar do pão e da própria vida.

Os discípulos, então, se alegraram, comentando o quanto seus corações ardiam com as falas de Jesus durante o caminho. Repare que a postura é outra, existe uma chama ardendo no peito, um ímpeto para seguir adiante, disposição de lidar com a adversidade. Os discípulos voltam para Jerusalém, curiosamente retornam para o lugar onde Jesus foi executado, um espaço que certamente oferecia risco à sua própria vida. A desistência já não tinha lugar em seu coração. Eles queriam compartilhar da boa notícia, encontrar os irmãos de caminhada, celebrar a esperança e, assim como Paulo Freire, esperançar como ação.

CAPÍTULO 9

O DERRAMAR DO ESPÍRITO E A DIVERSIDADE

Pentecostes era o nome grego dado à festa da colheita, importante celebração da cultura israelita que acontecia cinquenta dias depois da Páscoa. Um festejo agrícola de alegria e gratidão pela colheita, de reconhecimento de Deus como fonte de todo bem e momento de rememorar a libertação do povo hebreu da escravidão no Egito. Nessa festa também se resguardava, de acordo com a determinação de Deus, a partilha com o pobre e com o estrangeiro.

> — Quando você fizer a colheita da sua terra, não colha totalmente o canto do seu campo, nem volte para recolher as espigas caídas. Não seja rigoroso demais ao fazer a colheita da sua vinha, nem volte para recolher as uvas que tiverem caído no

chão; deixe-as para os pobres e estrangeiros. Eu sou o Senhor, o Deus de vocês. (Levítico 19:9-10)

É no contexto dessa festa que o Livro de Atos relata um acontecimento sobrenatural: vento forte e línguas de fogo recaem sobre a boca dos discípulos e eles são capacitados pelo Espírito Santo a falar o idioma de outros povos, de maneira que todos podiam se compreender em seus idiomas nativos.

> Ao cumprir-se o dia de Pentecostes, estavam todos reunidos no mesmo lugar. De repente, veio do céu um som, como de um vento impetuoso, e encheu toda a casa onde estavam sentados. E apareceram, distribuídas entre eles, línguas, como de fogo, as quais pousaram sobre cada um deles. Todos ficaram cheios do Espírito Santo e começaram a falar em outras línguas, segundo o Espírito lhes concedia que falassem. (Atos 2:1-4)

É curioso e potente entender que foi justamente na festa da colheita que o Espírito de Deus se derramou, confirmando a partilha dos bens, a superação das necessidades, a manutenção dos frutos do trabalho nas mãos do trabalhador. A partir do derramar do Espírito e da presença de Jesus se construiu uma ética comunitária.

> E perseveravam na doutrina dos apóstolos e na comunhão, no partir do pão e nas orações. Em cada alma havia temor; e muitos

> prodígios e sinais eram feitos por meio dos apóstolos. Todos os que criam estavam juntos e tinham tudo em comum. Vendiam as suas propriedades e bens, distribuindo o produto entre todos, à medida que alguém tinha necessidade. (Atos 2:42-45)

Venda de propriedades individuais, distribuição de bens, superação da desigualdade e partilha do pão são práticas que aparecem no texto. Ética presente nas primeiras comunidades de fé, como fruto da experiência individual e coletiva com Jesus e do agir do Espírito Santo.

Também é importante notar que o derramar do Espírito se deu num contexto de convivência entre povos diferentes, confirmando, portanto, a beleza e a riqueza da diversidade ao possibilitar o encontro na pluralidade, no diálogo e superar as fronteiras, mantendo a variedade das línguas.

Portanto, o cristianismo que massacra culturas em nome de um projeto civilizatório, luxuoso, imponente, acumulador de riquezas, entranhado nas estruturas de poder, colonizador, explorador e indiferente ao sofrimento dos empobrecidos é completamente incompatível com o testemunho mais original, genuíno e autêntico do evangelho. É necessário reconhecer que o cristianismo hegemônico institucional justificou e participou centralmente de uma colonização racista das Américas e da profunda exploração física e econômica do trabalho escravizado de milhões de africanos. Uma lógica perversa de acumulação de capital nas mãos dos colonizadores a partir da imposição econômica e cultural, concentrando recursos, promovendo pobreza, miséria e extermínio, ou seja, uma lógica completamente contrária ao que aprendemos na Festa de Pentecostes quando o Espírito se derramou sobre os discípulos.

Cabe, ainda, perceber que essa lógica não se restringe ao período da colonização e da escravidão. O racismo funciona até hoje como prática política e construção ideológica que naturaliza a desigualdade e a exploração sobre povos e corpos. Assim, um mundo desigual, do ponto de vista econômico e social, é mantido por mecanismos racistas que elegem os corpos que devem ser detidos e eliminados para manutenção do sistema e da ordem econômica. O cristianismo pode funcionar – e, infelizmente, muitas vezes é o que acontece – como legitimador dessa lógica. Contudo, não é o que determina o testemunho bíblico:

> Pois todos vocês são filhos de Deus mediante a fé em Cristo Jesus; porque todos vocês que foram batizados em Cristo de Cristo se revestiram. Assim sendo, não pode haver judeu nem grego; nem escravo nem liberto; nem homem nem mulher; porque todos vocês são um em Cristo Jesus. (Gálatas 3:26-28)

Não se trata de criar uniformidade, mas de unidade na diversidade e do fim da hierarquia. A carta de Paulo

O AMOR É A BASE,
O DESTINO E O CAMINHO.
É SIMPLES E
REVOLUCIONÁRIO.

aos gálatas demonstrava que a salvação não era fruto do empenho humano, do mérito pessoal ou da observância da lei, mas consequência da graça de Deus manifesta na vida, morte e ressurreição de Jesus. Logo, não se trata do monopólio do sagrado ou de um código comportamental absoluto que anula outras vivências, mas da disposição amorosa de Deus, que é anterior às ações humanas e, portanto, incondicional e eterna.

Diante de Deus as hierarquias caem e os mecanismos utilizados para justificar violência e opressão são rejeitados, há uma universalidade que preserva as particularidades culturais. Há, portanto, uma pluriversalidade! Afinal, a unidade não é a imposição de uma língua sobre outras, mas o diálogo entre elas numa horizontalidade em que as opressões desaparecem.

Pentecostes me remonta à simplicidade da partilha dos bens e à celebração da diversidade. O texto de Gálatas me lembra do fim das hierarquias e aponta para a unidade provocada pela fé que atua por meio do amor. A base de tudo, o motivo da fé e a razão da esperança é Jesus Cristo, morto e ressurreto!

CAPÍTULO 10
JESUS NEGRO E TEOLOGIA NEGRA

Lembro-me bem de quando meu amigo querido e brilhante teólogo, Ronilso Pacheco, me emprestou o livro *Deus dos oprimidos*, de James Cone. As reflexões desse livro marcaram profundamente minha formação pastoral e teológica, assim como minha vida pessoal. Cone é uma das maiores, senão a maior, referências da teologia negra e com ele aprendi a acolher e fundamentar a perspectiva do Jesus Negro. Ele lança luz sobre a realidade neotestamentária de Jesus como aquele que veio assumir a experiência dos oprimidos para libertá-los. No entanto, não nos basta repetir automaticamente o que Jesus de Nazaré fez na Palestina do primeiro século. É preciso se perguntar: quem é Jesus para nós hoje?

A verdade da fé não é um texto petrificado no passado, uma doutrina enrijecida no presente ou um código comportamental que se pretende universal e desconsidera as particularidades e diversidade cultural dos povos. A verdade não é – e nem poderia ser – um instrumento de controle e de opressão. Cone afirma:

> A verdade é o acontecimento divino que invade nossa situação contemporânea, revelando o significado do passado para o presente, para que sejamos feitas novas criaturas para o futuro.[9]

Significa que olhamos para Jesus não apenas com interesse sobre o que ele fez no passado, mas sobre o que ele faz no presente e como nos conduz ao futuro. Nossas perguntas sobre Jesus derivam da nossa fé e de nossa experiência de vida com ele. Não se trata de fazer perguntas sobre o evangelho para que, uma vez dadas as respostas, o resultado seja o surgimento da fé. Na realidade, as perguntas derivam da fé, como se o Jesus *em nós* nos fizesse questionar o significado de Jesus *para nós*.

Um ponto importante que quero compartilhar é que a experiência com Jesus é fundamental na minha vida. Não é a mera adesão ao cristianismo como sistema religioso, pois este muitas vezes depõe contra o testemunho do evangelho, mas de uma experiência

---

9. James H. Cone, *Deus dos oprimidos* (São Paulo, Paulinas, 1985), p. 165.

profunda diante do Cristo de Nazaré que, de fato, mobiliza minha vida desde que eu era menino. Não tenho Jesus como projeção da minha mente ou criação da minha subjetividade para lidar com a vulnerabilidade própria da vida. Creio em Jesus como realidade viva que segura minha mão, enxuga minhas lágrimas, atravessa comigo os desertos, suspira comigo de dor ou alívio, perdoa minhas falhas, redime minha vida e abre, diante dos meus olhos, um projeto de humanidade e um destino de eternidade.

Obviamente, tal experiência está dentro de um contexto social e histórico, se dá a partir de determinada tradição religiosa e teológica e tem a Bíblia como fonte de informações e registros importantes. Portanto, a minha experiência, por mais pessoal que seja, é historicamente situada e condicionada. É claro que ela não pode ser a única referência acerca de Jesus, pois seria subjetivo e relativo demais. Se cada um tiver sua experiência e a validar por si mesmo, tudo se torna válido, inclusive as que produzem práticas opressoras. Diz Cone:

> Há uma alteridade que experimentamos no encontro com Cristo que nos obriga a olhar além de nossa experiência imediata para outras testemunhas. Uma destas testemunhas são as Escrituras. É importante notar que a bíblia não consiste de unidades de verdade infalível sobre Deus ou Jesus. Ao contrário,

ela conta a história da vontade de Deus de redimir a humanidade do pecado, da morte e de Satanás.[10]

A Bíblia precisa ser lida em seu contexto histórico, cultural e linguístico, inclusive as noções de "pecado, morte e Satanás" às quais Cone faz referência requerem as devidas contextualizações. Tais conceitos são comumente usados para produção de uma religiosidade mediada pela culpa e pelo medo. O fato é que o Novo Testamento é uma fonte importante de informações sobre Jesus. A teologia negra não cai no erro fundamentalista da infalibilidade bíblica e do literalismo, como se cada texto isoladamente fosse propriamente a Palavra de Deus. A teologia negra aponta para a confiabilidade da Bíblia no propósito de nos contar a história de Jesus como manifestação decisiva de Deus na história para redimir a humanidade e libertar os oprimidos. O literalismo bíblico ao longo da história tem provocado terror, violência, sofrimento e morte em nome da suposta palavra de Deus.

Nossa experiência com Jesus precisa ter base no testemunho neotestamentário. Quem Jesus é para nós hoje não pode ser uma resposta derivada apenas de uma experiência pessoal, precisa estar ancorada no testemunho do empobrecido e oprimido de Nazaré. Jesus

---

10. James H. Cone, *Deus dos oprimidos*, cit., p. 167.

é encontrado na experiência de luta do povo negro por sua liberdade. Cone afirma:

> Devemos dizer, sem dúvida, que encontramos quem Jesus Cristo é para pessoas negras de hoje em sua presença no contexto social da existência negra, só que, assim que esse ponto é levantado, o outro lado desse paradoxo deve ser afirmado; caso contrário, a verdade da experiência negra é distorcida. O Jesus da experiência negra é o Jesus das Escrituras. A relação dialética da experiência negra e das Escrituras é o ponto de partida da cristologia e da teologia negra.[11]

A teologia negra, portanto, não é fruto exclusivo da experiência negra na luta contra o racismo, mas é o ponto de conexão entre essa luta e o testemunho das escrituras sobre Jesus. De maneira simples e direta cabe dizer: o Jesus dos evangelhos assume a experiência de quem sofre injustiça e, a partir dela, revela a voz e a vontade de Deus para a humanidade.

James Cone aponta que, além das escrituras, a tradição também é fonte de informação sobre Jesus e participa da nossa experiência de fé. Cone afirma que:

> A tradição representa então a afirmação da fé da igreja em Jesus Cristo em diferentes períodos da história.[12]

---

11. James H. Cone, *Deus dos oprimidos*, cit., p. 170.
12. Ibidem, p. 171.

Ora, entre o período das escrituras e a nossa situação contemporânea existem dois milênios. Evidentemente, o acúmulo de experiências e formulações sobre Jesus ao longo do tempo interfere e influencia nossa percepção sobre quem ele foi e sobre quem ele é. É importante ressaltar, mais uma vez, a importância de nossa experiência pessoal e comunitária de fé não se fechar em si mesma como ponto de autolegitimação, mas dialogar com as escrituras.

Contudo, há um ponto fundamental que deve ser indicado, lembrado e denunciado:

> No entanto, não devemos esquecer que o que geralmente é chamado de tradição representa a justificação teológica da igreja de sua existência com base em seu apoio ao estado de opressão sobre os pobres [...][13]

A tradição não é infalível e normalmente também não é confiável, pois em muitos momentos a igreja fala a partir de um lugar contraditório e incompatível com o testemunho bíblico. Cone arremata de maneira direta e profética:

> Devemos não só perguntar sobre o contexto social da tradição que tornou possível à igreja tratar as relações de Cristo com o

---

13. James H. Cone, *Deus dos oprimidos*, cit., p. 171.

escravo periféricas à sua proclamação do Evangelho, mas também devemos tensionar a questão até a sua conclusão lógica: será que na ausência do tema da liberdade ou da libertação do escravo a igreja não perdeu a própria essência do Evangelho de Jesus Cristo?[14]

Ao não se colocar com os oprimidos, a igreja se afasta da mensagem de Jesus. A espiritualidade do evangelho é encarnada, disponível à humanidade, disposta a ser sinal de libertação humana apontando para o agir de Deus no mundo.

A teologia negra está interessada nos processos de emancipação, assimilando o corpo de Cristo ao corpo dos oprimidos, a ação do Espírito aos movimentos de partilha, diversidade e quebra de hierarquias opressoras. É preciso ver Cristo para além da igreja, da doutrina formal e do próprio cristianismo, pois não é possível afirmar uma cultura religiosa que seja indiferente ao sofrimento do povo oprimido ou que construa formas, narrativas e vivências que contribuam com a opressão.

James Cone afirma que Jesus é quem ele era; Jesus é quem ele é e Jesus é quem ele será. Assim, numa perspectiva de passado, presente e futuro, é possível afirmar a negritude de Jesus. Afirmar que Jesus é quem ele era significa que não podemos ter uma percepção

---

14. Idem.

de Jesus *hoje* que contradiga quem ele *foi* no primeiro século.

Quando Jesus é retirado da história, se constrói uma espiritualidade que não se relaciona com os dramas do mundo, e a salvação é projetada como uma dimensão pós-morte que não incide sobre as questões políticas, econômicas e sociais do nosso tempo. Tais questões são vistas como mundanas e inferiores, fora da margem de atuação da espiritualidade e da libertação humana.

James Cone resgata a experiência de igrejas negras nos Estados Unidos e o quanto, por meio de cânticos, orações e pregações, o povo negro afirma que o Jesus das escrituras é o mesmo que os ajudava a lutar contra a escravidão e a segregação racial.

> As pessoas negras escravizadas, por outro lado, argumentavam que a escravidão contradiz o Novo Testamento de Jesus. Afirmavam saber de um Jesus que veio dar liberdade e dignidade aos oprimidos e humilhados. Através de sermões, orações e cânticos, os escravos negros testemunharam o pequeno bebê que nasceu de Irmã Maria em Belém, e toda vez que o bebê chorava, ela o balançava na terra cansada. Ele é aquele que viveu com os pobres e morreu na cruz para que eles pudessem ter uma vida.[15]

15. James H. Cone, *Deus dos oprimidos*, cit., p. 177.

Essa é a experiência que precisamos afirmar, construir e potencializar no Brasil. É necessário devolver ao cristianismo sua origem popular, sua fé engajada e seu compromisso com os marginalizados. É preciso denunciar o racismo como pecado e fazer a conexão do Jesus dos evangelhos com a experiência do povo negro em nosso país. Nossos cânticos, pregações e orações têm que estimular a busca por reparação histórica, correção das desigualdades, superação das injustiças, destituição dos privilégios e afirmação da diversidade. Tal movimento não deve ser mero ativismo, mas fruto e sinal de corações rendidos ao testemunho do evangelho.

Jesus não é exclusivamente uma referência histórica, ética, filosófica e revolucionária, é também a resposta contínua e presente de Deus para nossas vidas. Refletimos sobre Jesus porque experimentamos Jesus em nós. Cone afirma:

> Jesus não é apenas uma pessoa histórica que uma vez se identificou com o povo pobre de sua terra e posteriormente foi executado pelas autoridades romanas por perturbar o *status quo* social e político.[16]

Algumas visões filosóficas podem interpretar manifestações de fé como projeção de nossa mente e de

---

16. Ibidem, p. 179.

nossa carência constitutiva. Contudo, não podemos abrir mão daquilo que nos constitui e das próprias categorias de pensamento e de experiência do povo negro ao longo da história. A religião pode ser instrumento de controle e de opressão, mas não é essencialmente assim. Fechar os olhos e orar, levantar as mãos aos céus e clamar, abrir a boca e louvar, dobrar os joelhos e contemplar não são manifestações de irracionalidade.

Para nós, Jesus é presença viva, que atualiza e prolonga o sentido da vida que nos foi manifesto segundo as escrituras e que hoje segura nossa mão e embala nossa esperança. Esse Cristo não oferece medo nem se materializa como projeto de poder e de domínio, também não é restrito ao cristianismo ou qualquer sistema religioso. Ele se revela a partir da margem, chora a dor do povo e continua a manifestar o agir de Deus. Não se trata de uma glória sem conteúdo ou uma força sem compromisso ético com a justiça. A ressurreição que nos permite afirmar a presença de Jesus entre nós não foi um evento espetacular para glória própria, mas rebeldia contra todo sistema de imposição da morte. Cone diz:

> É dentro desse contexto que a ressurreição é um evento político. A política da ressurreição está em sua dádiva de liberdade para os pobres e desamparados... Não lutar é negar a liberdade da ressurreição. É negar a liberdade da presença de

Cristo conosco na luta para libertar os escravos da escravidão. Este é o lado político da ressurreição de Jesus.[17]

A presença de Cristo é estímulo para uma ação consciente no mundo em obediência à ressurreição. Assim também é importante afirmar que *Jesus é quem ele será*. Esse é o ponto em que a esperança se apresenta como traço constitutivo, central e indispensável das escrituras: não há evangelho sem consciência de futuro e expectativa ardente por uma plena e radical transformação da sociedade. A teologia negra se inspira no testemunho das escrituras sobre Jesus (passado), afirma sua ressurreição e sua presença no contexto de nossas vidas (presente), assim como aponta o futuro como horizonte em que a vontade libertadora de Deus se realiza plenamente na história humana.

Essa esperança não é abstrata nem desvinculada da prática política que lhe é correspondente. A esperança é um acontecimento político cujo lugar social é a experiência dos oprimidos na sua luta por libertação. Sendo assim, não é possível falar em esperança dentro de uma estrutura que reproduz o racismo e seus sistemas de opressão. É preciso questionar todo otimismo em relação ao desenvolvimento da sociedade que simplesmente desconsidera a dura realidade da desigualdade

---

17. James H. Cone, *Deus dos oprimidos*, cit., p. 184-5.

econômica e social, a imposição de um modelo capitalista que sacrifica povos e corpos, promove genocídio e devastação ambiental e que tem o racismo como modo de naturalizar desigualdades e selecionar corpos para a subalternidade e para a eliminação. O otimismo derivado dessa lógica do mercado, do eurocentrismo, da branquitude e da teologia colonizadora significa terror e sofrimento para o povo empobrecido, negro e todos os grupos que sobram e se tornam disfuncionais nesse modelo de sociedade. O otimismo capitalista, liberal e racista é motivo de tragédia para muitos povos. O progresso dessa ordem hegemônica é o caos para muitos corpos.

A esperança derivada do Cristo negro tem lugar social, prática política, fidelidade a Nazaré, parte da cruz e não renuncia a ressurreição. Que Jesus é quem ele será não é motivo de passividade, resignação e submissão às estruturas de poder, pelo contrário, pois significa agir no presente como anúncio daquilo que está por vir no horizonte da história. James Cone afirma:

> Quando o discurso teológico negligencia os oprimidos e a esperança dada por Jesus Cristo em sua luta, torna-se inevitavelmente um discurso abstrato, voltado para a justificação ideológica do *status quo*.[18]

18. James H. Cone, *Deus dos oprimidos*, cit., p. 188.

A ideia de céu, paraíso e vida eterna na teologia negra nada tem a ver com alienação, mas com rebeldia diante das estruturas de morte e profecia que se encarna numa prática política que convida o futuro para o presente ou o presente para o futuro. Quando canto o famoso hino "Porque ele vive, posso crer no amanhã/ Porque ele vive, temor não há/ Mas eu bem sei, eu sei que a minha vida/ Está nas mãos do meu Jesus, que vivo está",[19] afirmo em meu coração que a presença de Jesus desnaturaliza as opressões, confere à minha vida uma dignidade que suspende as afirmações racistas sobre meu corpo e meu povo e abre uma janela de futuro que provoca chama e brilho nos meus olhos. O que me resta fazer diante dessa esperança é agir tal como os discípulos de Emaús neste livro já citados, isto é, voltar para o caminho da luta, encontrar meus irmãos e minhas irmãs e seguir adiante rumo ao futuro de Deus. Como Cone diz:

> O povo negro sabia que não podia confiar no poder de suas próprias forças para quebrar as correntes da escravidão. As pessoas se cansam de lutar por justiça, e o poder político dos opressores muitas vezes cria medo no coração dos oprimidos... Normalmente, quando a realidade da situação política surge

---

19. Gloria Gaither, William J. Gaither, "Porque ele vive, hino 545", Harpa Cristã.

sobre os oprimidos, aqueles que não têm a visão de outro mundo tendem a desistir em desespero.[20]

A esperança é a visão de futuro que tira o poder do desespero de nossos corações. Não se trata de ilusão ou abstração, mas de consciência que provoca movimento e ação!

A afirmação central deste livro é que esse Jesus que foi, é e será se apresenta para nós como negro. Como vimos, essa afirmação não é apenas fruto do interesse, da subjetividade e da militância do povo negro na sua luta contra o racismo. É esperado que determinados setores rejeitem tão abertamente a ideia de um Cristo negro, como se ela não fosse coerente com o testemunho dos evangelhos. Cone arremata:

> A atitude dos teólogos brancos com relação ao povo negro em particular e aos oprimidos em geral dificilmente é diferente da atitude dos opressores de qualquer sociedade. É particularmente semelhante à atitude dos líderes religiosos em relação a Jesus na Palestina do primeiro século, quando ele se associou livremente com os pobres e marginalizados e declarou que o Reino de Deus é chamado para os pecadores e não para os sacerdotes e teólogos ou qualquer um dos autodeterminados justos.[21]

20. James H. Cone, *Deus dos oprimidos*, cit., p. 192.
21. Ibidem, p. 194.

Rejeitar a negritude de Jesus é rejeitar o Jesus dos evangelhos. Quantas vezes na história, no passado e no presente, o Cristo dos evangelhos é um escândalo para o próprio cristianismo? O que não se quer ver é a liberdade de Cristo de se colocar ao lado daqueles que são oprimidos e proclamar que a vontade de Deus quebra privilégios e se constitui como uma má notícia para quem constrói sua liberdade e sua riqueza violentando e explorando os outros. O evangelho é uma pedra de tropeço para os sistemas de poder opressor e aniquilamento da vida.

Jesus era judeu, portanto, parte de um povo oprimido. Não era um homem universal abstrato, mas um judeu que vivia sob a colonização do império romano. Tal particularidade não pode ser desconsiderada na análise sobre ele. O judaísmo de Jesus também o colocava na tradição do Êxodo, isto é, na memória de Deus, que libertou um povo escravizado e o chamou para a liberdade. Cone, então, afirma que "Jesus é negro porque ele era judeu", isto é, o judaísmo da circunstância histórica em que viveu o liga à experiência do povo negro no nosso contexto contemporâneo.

Jesus foi crucificado por aquele sistema de poder (particularidade histórica), e sua ressurreição é uma dádiva para todos os povos em todas as épocas. A ressurreição significa que aquele acontecimento da cruz não ficou restrito àquele contexto histórico, mas que

Deus visitou a história humana para se identificar, se expressar e se revelar através de todos os oprimidos da história. Cone aponta:

> É a partir da cruz e da ressurreição de Jesus e sua relação com o judaísmo que a teologia negra afirma que Jesus é negro. Se presumirmos que o Jesus ressuscitado está verdadeiramente presente conosco, como definido por sua história passada, testemunhado pelas Escrituras e pela tradição, o que significa então sua presença no contexto social do racismo branco?[22]

Sendo Cristo identificado com os oprimidos e sendo o racismo de supremacia branca presente em nosso tempo histórico, então a afirmação da negritude de Jesus é completamente coerente, bíblica, espiritual, profética e necessária. Se vivêssemos numa sociedade em que a cada vinte e três minutos um jovem branco fosse assassinado; que houvesse encarceramento em massa do povo branco; que se verificasse a sub-representação de brancos nos espaços de poder; que mulheres brancas fossem alvo sistêmico de violência obstétrica; que os meios de comunicação e sistemas escolares invisibilizassem e depreciassem as origens da cultura branca e se o povo branco tivesse sido escravizado por quase

---

22. James H. Cone, *Deus dos oprimidos*, cit., p. 196.

quatro séculos, então seria possível afirmar com coerência bíblica que Jesus é branco.

A negritude de Jesus é literal e simbólica para o nosso tempo. Aponta por um lado que, verdadeiramente, Cristo assume para si as lágrimas e as esperanças do povo negro e, por outro, que seu corpo sempre estará identificado com os oprimidos de qualquer época histórica. A narrativa bíblica aponta para a soberania de Deus de assim se revelar para a humanidade, revelar sua vontade, transparecer seu rosto, fazer ouvir sua voz e provar a força de seu avassalador amor.

> A negritude de Cristo, portanto, não é uma simples afirmação sobre a cor da pele, mas, sim, a afirmação transcendente de que Deus nunca deixou os oprimidos sozinhos na luta.[23]

Deus veio em Jesus e continua vindo para converter os corações, quebrar as correntes de opressão, enxugar lágrimas e provocar gargalhadas de esperança. O Cristo negro nos convida e convoca para ver o sagrado para além do próprio cristianismo. A experiência negra de libertação em nosso país está muito associada às religiões de matriz africana e à resistência dos terreiros. Afirmar que Jesus é negro também significa se abrir ao diálogo inter-religioso, buscar medidas de reparação,

---

23. James H. Cone, *Deus dos oprimidos*, cit., p. 198.

denunciar o racismo presente no cristianismo colonizador, discernir o sagrado onde a emancipação humana se concretiza.

Enfim, a periferia de Nazaré, a cruz e a ressurreição me apresentam o que era, é e será esse Jesus negro e nele encontro um amor que insiste em vencer! Venceremos, em nome do Jesus negro! Amém, axé, amor!

AGRADECIMENTOS

Todo agradecimento é uma forma de reconhecimento. Assim, quero agradecer aos amigos Ronilso Pacheco e Ras André Guimarães, dois pastores e teólogos que me ensinaram sobre o caráter antirracista do evangelho. Eles me inspiram com suas reflexões teológicas e bíblicas e com suas atitudes na vida. São pessoas generosas e comprometidas com um mundo justo, solidário e fraterno. Vejo Cristo no rosto desses irmãos e este livro tem toda relação com a influência deles em minha vida.

Editora Planeta Brasil | 20 ANOS

Acreditamos nos livros

Este livro foi composto em Apolline Std
e impresso pela Gráfica Santa Marta
para a Editora Planeta do Brasil
em maio de 2023.